吟啸徐行

王小夫

著

湖南师范大学出版社

图书在版编目（CIP）数据

吟啸徐行 / 王小夫著. —长沙：湖南师范大学出版社，2018.6
ISBN 978 - 7 - 5648 - 3264 - 3

Ⅰ.①吟⋯　Ⅱ.①王⋯　Ⅲ.①广播工作—文集 ②电视工作—文集
Ⅳ.①G22 - 53

中国版本图书馆 CIP 数据核字（2018）第 120517 号

吟啸徐行

Yinxiao Xuxing

王小夫　著

◇组稿编辑：李　阳
◇责任编辑：李红霞　李　阳
◇责任校对：胡晓军
◇出版发行：湖南师范大学出版社
　　　　　　地址／长沙市岳麓山　邮编／410081
　　　　　　电话／0731 - 88873071　88873070　传真／0731 - 88872636
　　　　　　网址／http：//press. hunnu. edu. cn
◇经销：新华书店
◇印刷：永清县晔盛亚胶印有限公司
◇开本：710mm×1000mm　1/16
◇印张：13. 25
◇字数：220 千字
◇版次：2018 年 6 月第 1 版
◇印次：2024 年 8 月第 2 次印刷
◇书号：ISBN 978 - 7 - 5648 - 3264 - 3
◇定价：48. 00 元

凡购本书，如有缺页、倒页、脱页，由本社发行部调换。

本社购书热线：0731 - 88872256　88872636

投稿热线：0731 - 88872256　13975805626　QQ：1349748847

序

在广电传媒业退休后的父亲，邀我为他的这本书集写序。打开笔记本电脑之际，两幅儿时的画面跃然眼前。

一幅仿佛泛黄的黑白照片：其定格瞬间，是一辆小吉普车挂着拖斗。拖斗里，满满都是父亲的书。在那个还没有搬家公司的年代，依稀记得母亲是托了朋友才找到吉普车，来搬运父亲的书。其他家具，是家人和朋友徒手就搬完了。唯独只有书，需要用这拖斗来回好几趟才运完。我儿时对于家的记忆中，书是随处可见的。而那些难见的空间里，比如两个木板床底下，也毫无悬念的，全是父亲的书。在我看来，这些书正是父亲所著文章的神秘源头之一。但是父亲每次写稿时，却极少翻书，诗典信手拈来，文章一气呵成。听父亲说，上世纪70年代末，他还在株洲市委组织部工作时，曾给湖南人民广播电台多次投稿。电台一位领导虽然觉得稿件质量不错，但怀疑是否原创，遂安排人到图书资料室查了好几天，并未找到同类文章。之后，父亲被调到湖南电台工作，开始广电传媒生涯。

另一幅画面，是彩色的、灵动的、声情并茂的：一晕橘黄色的灯光下，父亲抱着两三岁的我，指着绿色方格稿纸中蓝黑墨水的字迹，告诉我，哪两个字是我的小名。现在想来，父亲应该是把幼小的我，也编排在了他的随笔之中。这幅画面，其实是我儿时生活中寻常的一幕，因为当年他常常抱着幼小的我来写作。明年是我的不惑之年，而父亲这本书集中最早的文章，恰是整整40年前撰写的。

这本书汇编的是父亲思辨性的文稿，均在报刊和广播电台发表过。其中多篇获湖南省和全国广播电视学术论文评选奖项，并被收入《中国新闻年鉴》《中国广播电视年鉴》。从小受父亲的耳濡目染，我现在也是一名电视媒体人。细读书中几十年前的文章，虽有历史印记，但是文章中的观点，即便放在如今对新闻媒体的研判中，仍具有较强的立论意义。特别是书中多篇有关舆论引导的论文，其视角关注了社会转型期的特点和重点，在当今仍有实践意义和可操作性。

国学大师王国维在其所著《人间词话》中提到："古今之成大事业、大学问者，必经过三种之境界：'昨夜西风凋碧树。独上高楼，望尽天涯路。'此第一境也。'衣带渐宽终不悔，为伊消得人憔悴。'此第二境也。'众里寻他千百度，蓦然回首，那人却在，灯火阑珊处。'此第三境也。"三种境界，人生风景。今年正值改革开放40周年。广播电视行业尤其是湖南广电，在这40年间经历了翻天覆地的变化。纵观父亲这本书中不同时期的文章，正是见证了他自己和湖南广电这40年改革发展的三重境界：最初"独上高楼"的寻求、中期"衣带渐宽终不悔"的执着和后来"蓦然回首"的顿悟。

父亲向来低调、谦恭、泰然，不喜张扬显摆，不羡名流权贵。本来，他为自己的这本集子取名"钝斧析薪"，援引刘勰"是以论如析薪，贵能破理"的意思，并自谦一番。而在我看来，父亲骨子里更有洒脱、旷达、洞明，在低调中藏着清高。于是，我依他所迷恋的苏东坡在《定风波》中的"莫听穿林打叶声，何妨吟啸且徐行"，为此书定名《吟啸徐行》。一本思辨论说的集子，一个超逸自若的书名。其实，这也正是我的父亲。

王未央

2018 年 6 月于北京

目　录

专业论文篇

对话专访篇

评论随笔篇

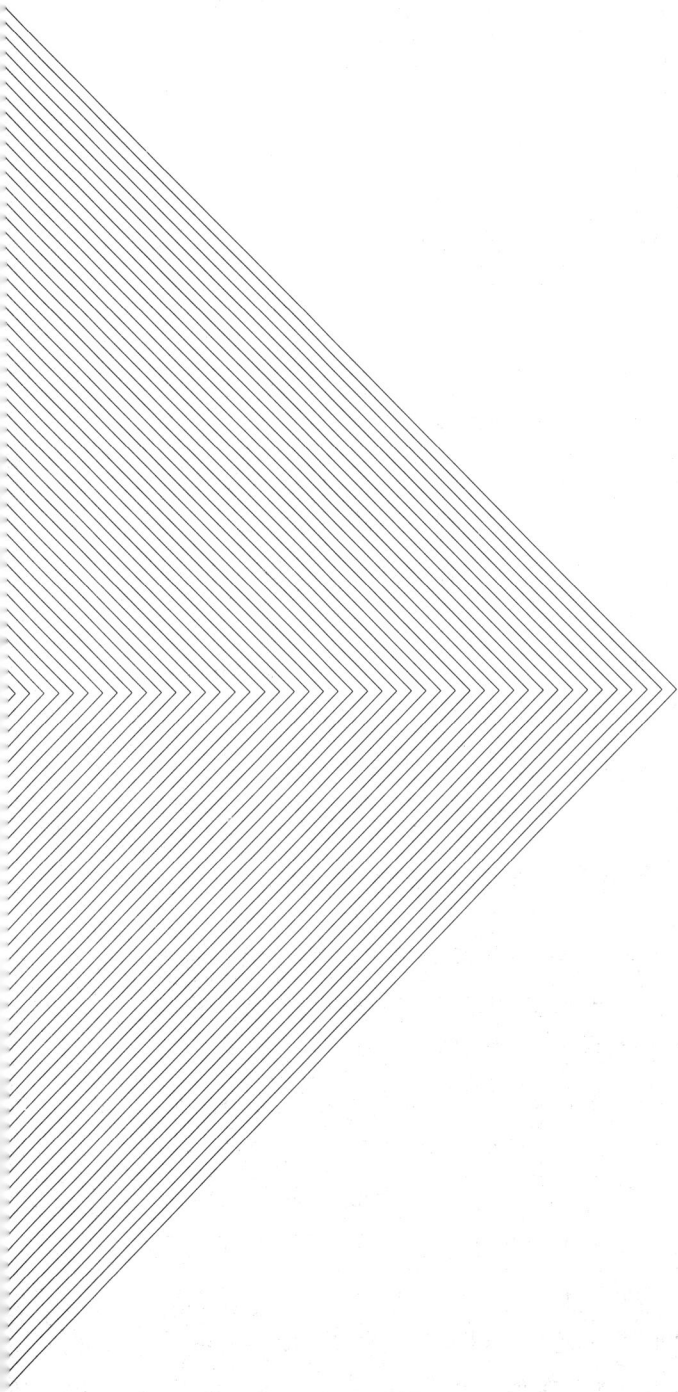

专业论文篇

社会转型与舆论引导

从传统计划经济体制转向社会主义市场经济体制，标志着我国的改革开放进入了一个新的时期，也预示着我国社会经济运行机制和社会经济结构将出现新的变化。我们的社会，将从农业社会加快转向工业社会，从半封闭社会加快转向开放社会，从产品经济社会加快转向商品经济社会。在这种社会转型即向前发展的历史过程中，会出现许多新的矛盾和问题，需要我们去思考和解决。

新闻舆论工具作为党、政府和人民的喉舌，一方面要及时地、准确地反映社会转型过程中出现的新事物、新情况，另一方面必须积极地、正确地引导人们认识和解决社会转型过程中即前进中的矛盾和问题。我认为，社会转型过程中新闻舆论的引导作用，应当从以下四个方面着重体现出来。

一、正确对待利益调整，舆论引导要有利于宏观调控

促使我们社会转型的动力，是改革开放。随着改革的不断深化和开放的逐步扩大，从整个社会来看，人们的局部利益和全局利益、眼前利益和长远利益、个人利益和集体利益，都将不断受到调整。改革政策落实程度的不同，经济结构调整的幅度，生产岗位优化组合的变化，乃至经济区域的差别，在改革中承担风险的大小，都会造成人们利益上的不同落差。

值得注意的是，由于人们受利益机制的驱动，商品经济意识愈来愈强，会千方百计从各种不同途径最大限度地获取各自的经济效益。特别是在当前产权界定还不明确的情况下，人们普遍关心的不是资产增值，而是利益分配。这就使得一些人，将自己的眼前利益看得过重。另外，某些垄断行业由于其特有的优势条件，也容易形成与其他行业之间的利益差别。这样，获得较多利益的人们可能感到并不满足，失去部分利益的人们更是牢骚满

腹。对于这种情况，一方面出路在于改革，通过改革不断完善有关体制和转换有关机制，使利益调整趋于合理；另一方面就是国家通过有关政策和法令，通过必要的行政手段，对各方利益进行宏观调控。

在这种利益调整的过程中，新闻舆论的引导作用，首先要体现在帮助人们正确认识改革中利益的得与失。尤其要正确认识旧体制下某些既得利益的失和新体制下某些新增利益的得，都是改革的必然，是社会转型的必然。同时，更重要的是，引导人们在利益得失上要服从国家的宏观调控。我们是社会主义国家，在改革中鼓励一部分人先富起来，但是最终还是要达到全社会的共同富裕。因此，对于行业之间、产业之间、地区之间，以至目前和长远之间，国家在利益问题上采取一些宏观调控措施，是完全必要的。新闻舆论应当引导人们，服从这种宏观调控。这样，也才能保证改革开放从整体上取得更好的效果。

二、正确对待价值取向，舆论引导要有利于社会稳定

我们的社会，从传统的计划经济体制逐步转向市场经济体制。这种经济生活的变化，必然会引起人们的思维方式、文化习惯、道德观念发生新的变化。人们在衡量各种事物的标准上，会出现与以往传统标准不同的价值取向。

当然，通过十多年的改革开放，我们的社会已经基本上形成了总的价值取向，这就是邓小平同志提出的"三个有利于"，即我们的各方面工作，要有利于发展社会主义社会的生产力，有利于增强社会主义国家的综合国力，有利于提高人民的生活水平。这种总的价值取向，与以往某些空洞的政治口号和政治说教相比，显然有着十分丰富而实际的内容，能够实实在在促进社会向前发展，是我们应当予以坚持和倡导的。

但是，由于商品经济的日益发展，由于商品经济观念对其他领域产生愈来愈大的冲击，人们在社会生活中各方面的价值取向，就显得十分复杂。比如，在择业问题上，以往人们首先讲求的是职业的高稳定性，而现在首先讲求的是充分展示个人的才能，获取较好的报酬，而对稳定性则不十分强求。又如，在当前社会转型时期，由于经济发展不平衡和新体制不健全等原因，人们对于知识的价值、技术的价值、艺术的价值，从各自的功利

标准出发，也会出现一些变异现象。或者感慨"孔雀东南飞"，或者叹息"造原子弹不如卖茶叶蛋"，等等。

面对复杂的社会价值取向，新闻舆论不能简单地抓住某些现象加以抨击，更不能无标准地加以不负责任的发挥。对于人们在价值取向上的某些疑惑，新闻舆论应当多从社会经济的发展变化，从社会各种体制改革的发展变化，在深层次上多做一些释疑解惑的工作，以帮助人们培养正确的、良好的社会心态。尤其是在社会分配、消费等问题上，新闻舆论不能脱离大多数的工人、农民、干部、知识分子的现状，过分地渲染一些"大款"或"新潮"。否则，只会增强人们的逆反心理和盲目攀比的心理，不利于社会心理的健全。

三、正确对待经济热点，舆论引导要有利于健康发展

我们的社会要发展市场经济，要扩大开放，进而逐步走向工业社会，最重要的，就是要紧紧抓住经济建设这个中心不放。经济建设的发展不平衡，必然会导致出现某些热点。实际上，从去年贯彻邓小平同志南方谈话精神以来，经济建设中已经出现了诸如基建投资热、开发区热、房地产热、股票债券热、公司热等热点。

必须看到，出现这些经济热点，有其社会的原因、地域的原因，更有其经济的原因。在从计划经济体制转向市场经济体制的时候，有些新的制度还不规范。人们又都想尽快获得各自的经济效益，同时对市场经济还不熟悉，于是出现一些经济热点是难以避免的。事实上，某些热点的出现，对经济的发展也起了一定的促进作用，有其合理性。但是，我们又要看到，热点热过了头，就会带来一些新的问题。比如，固定资产投资增幅过高，资金流向不合理，原材料紧张，交通运输吃紧，环境资源过度开发等。这就影响了国民经济的健康发展。

对于各种经济热点，新闻舆论在报道中掌握一定的度，是非常重要的。对经济热点报道的任何失度，都可能对实际工作造成一定的不良影响。这就需要新闻舆论既要从宏观上审视经济发展的趋势，又要从一个时期、一个地区洞察经济发展的动向。该热的方面要适度地热，该冷的时候要及时地冷。不从实际出发，盲目地加热或降温，都是不利于经济健康发展的。

对于生产、流通领域的经济热点是如此，对于分配、消费领域的经济热点更应如此。在现行体制下，人们更多的是通过分配、消费的途径来参与经济生活的。因此，新闻宣传包括广告宣传，对于各种热点都有个不能失度的问题。这样，舆论引导才能真正做到有利于经济健康发展。

四、正确对待社会失序，舆论引导要有利于鼓舞信心

在社会转型时期，某些旧的体制和规范已经打破，而新的体制和规范又不健全。从整个社会来看，这就很容易出现一些失序现象。比如，党政机关发展第三产业，而经商的干部与机关又未完全脱钩，就涌现了不少"官商一体"的公司；由于约束机制不健全，一些干部和企业领导在物资、资金上出现某些"越轨"行为，"权钱交易"现象严重；社会保障体制未完全建立，优化组合后落选的职工及退休人员，在生活费用来源上缺乏保障；农村人口大量涌向城市和经济发达地区，造成社会治安状况恶化，等等。

把这些失序现象，放到我国社会新旧体制转换这样一个历史过渡时期来认识，就会觉得并不奇怪。这是因为，在新旧体制转换时期，规范人们行为的价值观念还未完全确定，严密的、合理的、社会运行秩序还未最后完善，这就难免出现一些失序现象。随着新的价值观念和新的社会秩序的确定和完善，随着社会主义民主和法制建设的不断加强，失序现象就会逐步减少。

作为新闻舆论，当然应当对这些失序现象实行正确的舆论监督。但是，一方面大可不必对这些现象惊惶失措，另一方面更不可抓住某些失序现象盲目追求什么"轰动效应"。而应当冷静观察，适度反映，正确引导。在反映时做到内外有别，内部通报和公开报道有别。面对这些失序现象，人们在不同程度上都会有各自的牢骚和看法。舆论引导稍有不慎，反而会促使滋长一种不良情绪，以致诱发某种社会问题。因此，新闻舆论应当多从社会转型的全局和社会发展的趋势，正确向人们解释某些失序现象。同时，多从加强社会主义民主和法制的角度，帮助人们正确认识社会失序调控的希望所在，看到社会发展的前景。从而鼓舞信心，把改革开放和经济建设推向前进。

（本文原载于湖南《视听业务》1993 年第 8 期。收入《中国新闻年鉴》1994 年卷。获湖南省第四届广播电视学术论文评选一等奖。）

社会心理环境与广播电视引导

当前，我们正处在从传统计划经济体制转向社会主义市场经济体制的社会转型时期。随着计划经济体制的逐步变革和市场经济体制的逐步建立，必然引起人们包括政治、经济、文化生活在内的社会生活方式不断发生变化，从而使社会心理环境出现新的特点，甚至呈现某些失衡和偏激状态，反过来对我们的社会生活尤其是经济体制的正常变革，产生某些不良的影响。面对这种社会变化，广播电视作为现代化的舆论工具，如何从自身的优势和特点出发，为创造良好的社会心理环境、培养健康的社会心理而作出自己的努力，这是我们应当认真研究的重要课题。

一、把握社会心理环境的阶段性，明确广播电视引导的职责

人的心理，主要是指人们面对客观世界所表现出来的认识、情感、意志等活动。人们的心理活动，作为主观意识的东西，是对社会存在的反映。客观世界的发展变化，特别是人类所创造的政治、经济、文化乃至宗教、科学生活环境的发展变化，必然会引起人们社会心理状态的变化。因此，一定的社会历史时期，形成一定的社会心理环境的阶段性。

在高度集中的计划经济体制下，决策单一，整个社会按照一定的计划指令和行政命令运行，经济活动处于一种封闭状态，人们的思维缺乏创见，多是保守的、单项的、直线的、静态的。在这样的社会生活环境中，人们常见的是封闭心理、求稳心理、遵从心理。这是在那个时期，社会心理表现出来的阶段性特点。改革开放以来，特别是转向建立社会主义市场经济体制，经济生活处于开放状态，价值规律越来越发挥出重要作用，决策多元，人们的利益不断受到调整。社会生活的变迁，使社会心理环境也发展到了新的阶段。在这个阶段，以往人们的封闭心理演变成开放心理，求稳

心理演变成开拓心理，遵从心理演变成思辨心理，唯上唯书心理演变成求实求新心理，固守心理演变成扩展心理，克制心理演变成需求心理。随着市场经济因素的逐步增多，人们根据各自不同的利益倾向，进行各自不同的自主决策。因此，对同一事物，人们有着不同的判断和态度，也就有着相异的心理状态。这样，就使得社会心理体现出多层次、多定势的特点。

面对这种社会心理环境，广播电视舆论引导的首要职责，就是要促使社会形成良好的心理定势。这里所说的心理定势，最重要的，就是人们要增强对社会变革发展的心理适应力和心理承受力。也就是说，人们的心理状态，必须要与社会变革发展的节奏和方向合拍。在今天改革开放的时代，人们的认识、观念乃至生活中的习惯、标准，都已发生了变化。在以往认为是不合理、不光彩的事，在今天认为是合理的、光荣的；在以往认为是天经地义的事，在今天认为是过时的、不合时宜的。但是，在改革过程中，人们的心理并不是普遍能适应这种变化。比如，对劳动工资和社会保障制度的改革，本来是为了革除以往旧的具体制度中的弊端。由于有些人没有转变旧体制下形成的就业观念和分配观念，误认为这是丢掉了社会主义制度的优越性。应当看到，具有这种把社会主义具体制度中的弊端当做社会主义制度优越性而恋恋不舍的心理的人，仍然为数不少。加强这方面的舆论引导，以形成良好的改革开放中的心理定势，是广播电视宣传的一项重要任务。

在今天社会转型的历史条件下，将社会上各种偏向心理引导到正确轨道，这是广播电视宣传的又一项重要职责。打破传统的计划经济体制，逐步转向市场经济体制，不断解放社会生产力，给人们带来各方面利益，使整个社会充满活力。这样，就形成了改革开放中的一种同向心理。但是，由于我们的社会正处在经济体制转轨变型的时期，旧的体制没有完全打破，新的体制没有完全建立，建立的部分也不完备、不健全、不规范，致使社会的行为约束方式和利益调节方式就不尽法制化、合理化。这样，就势必在某些人们中出现一些偏向心理。比如，开放心理出现偏向，就会盲目认为西方发达资本主义国家的一切都好，而不加选择地予以模仿。思辨心理出现偏向，就会离开正确的是非标准，怀疑传统的优秀文化，而脱离我们所处的时代实际。需求心理出现偏向，就会将物质利益绝对化，在分配、消费方面无止境攀比，而导致拜金主义思想盛行。同时，因为转向市场经济体制，价格机制、供求机制、竞争机制开始起作用，而市场规则又不健全，也会导致唯利是图、损人利己、尔虞我诈、巧取豪夺等偏向心理的产生。所以，将各种偏向心理引导为有利于改革开放和经济建设的同向心理，这是面临现阶段的社会心理环境，广播电视传媒搞好舆论引导的义不容辞的重要职责。

二、把握社会心理环境的倾向性，明确广播电视引导的重点

一定状态的社会心理，是一定社会存在的反映。尤其是在变革发展的历史时代，社会心理表现出明显的倾向性。这种倾向性，是由事物波浪式向前发展的特性所决定的。事物的波浪式发展，容易形成某种高潮，也容易造成某种落差，也就容易使一个时期的社会心理环境出现某种倾向。只有准确地、及时地把握这种倾向性，才能确定广播电视引导的重点。那么，在转向社会主义市场经济体制的时期，广播电视应当针对社会心理环境的哪些倾向性来确定引导的重点呢？

首先，要针对社会变革发展中趋求新奇的心理倾向，加强对时尚心理的引导。建立社会主义市场经济体制这一目标的确定，将从根本上变革原有的传统的计划经济体制，冲击人们在那种体制下形成的各种观念，同时也将带来许多新的东西需要我们去认识、去辨别、去把握。这些新的东西，很容易形成一种时尚。尤其是在今天社会文化素养较差和社会经济水准较低的情况下，人们很容易把新奇的东西当做时髦。比如，经济生活中出现的公司热、房地产热、开发区热、股票热等热点，文化生活中出现的追星族、星罗棋布的夜总会等现象，都反映了一种时尚心理。当然，有些时尚的热点，体现了社会发展的需要。但是，如果对有些东西全社会都来一时盲目崇尚，热过了头，就会出现社会时狂现象，产生新的社会问题。因此，对时尚的东西，广播电视不能一味凑热闹，而应当冷静观察，辩证分析。正确引导人们认识这些热点和时髦现象出现的根源、因素以及发展变化的趋势，认识什么是有利于社会发展的新生事物。以保持健康的心理状态，既扶植社会新生事物的成长，又防止出现某种社会时狂现象，促进我们的社会比较稳定地向前发展。

其次，要针对改革过程中心理失衡的倾向，加强对政策心理的引导。我们的改革开放，总的来说是在中央领导下有步骤、分阶段进行的。改革开放的措施、政策和目标，是中央根据全国总的客观实际情况而确定的。然而，由于全国各地的实际情况千差万别，社会各层次的人们社会经历及原有思想观念不尽相同，当一项新的改革举措、政策出台时，就很容易在社会上出现心理失衡的倾向。这种心理失衡的现象，归根到底又是利益调整引起的。改革措施、政策的出台和调整，实质上是利益机制的一种驱动，是一种利益调整。政策驱动利益机制，利益机制激发人们的积极性，由此促进社会的发展。但是，在我们这样人口众多的国家，城乡之间、地域之间、行业之间、上下之间存在着许多差别和矛盾。同时，实行同样的措施、政策，利益调整既会出现不同的过程，也会有不同的结果。这样，就会形成利益落差的状况。在改革过程中，尽管人们普遍得到了一些实惠，但由于这种落差的存在，就很容易使某些人心理失衡。所谓"端起饭碗吃肉，放下筷子骂娘"，其根源也就在这里。当前，我们的改革实行的是"整体推进，重点突破"的战略。所谓"重点突破"，实际上就是在事关全局的几个方面实行较大的政策调整。尤其是今年改革措施的出台，比以往任何一年都要多，而且力度大，综合配套任务重。这一方面给改革事业带来新的希望，一方面又可能在某些人中产生新的心理失衡现象。这应当引起我们的注意。解决心理失衡问题，最重要的，还是要增强对改革政策的心理认同感，即尽可能使更多的人站在全局和长远的角度来理解和把握改革政策。这就需要我们的广播电视宣传，要善于引导人们充分认识新的改革政策出台的社会条件，以及这些改革政策给大家带来的全局利益和长远利益，从而正确对待利益调整，对改革充满信心。

其三，要针对青少年中心理认同感冲突的倾向，加强对青少年是非心理的引导。青少年由于正处在身体和思维发育的时期，其心理状态很容易发生变化。这种变化，又主要表现在心理认同感冲突这一点上。青少年接受的早期教育，主要是父母和老师的教育。因而，他们对周围乃至世界事物的一些看法、判断，从心理认同感的角度来看，一般是以父母和老师为标准的。但是，随着他们年龄的增大，随着他们与社会上其他人接触的增多，他们分析、判断某些事物的标准，就会从父母、老师那里转向他人。

这就会出现心理认同感冲突的倾向。在今天社会转型的时期，社会不断出现许多使青少年感到新鲜的东西，再加上国外不同价值观的影响，父母和老师长期教育对青少年形成的某种观点，或许一本书，一部电影、电视剧，一首歌曲，一次朋友聚会，就会使其改变。他们对有些问题、观点，似懂非懂，盲目理解，结果接受的很可能是似是而非的观点。以致一些青少年不明国情，不识民族优秀文化传统，滋长盲目崇外、崇洋心理。比如，前些年在一些大学生中兴起了"萨特热"。但是，真正知道萨特为何人、萨特学说为何物的大学生却并不多。这就是心理认同感冲突的结果。广播电视作为传播现代文明的工具，对青少年影响颇大。这就很需要认真研究对青少年是非心理的引导问题。尤其是当某种思潮、某种文化现象兴起和流行时，广播电视工作者不能盲目附庸风雅，而应当以科学的态度辩证分析，帮助青少年培养健康心理，以增强明辨是非的能力。

三、把握社会心理环境的复杂性，明确广播电视引导的策略

在转向社会主义市场经济体制的时期，传统的计划经济体制未完全打破，新的市场经济体制未完全建立，这就造成了社会经济生活的多元性、复杂性。新旧体制的交错，新旧观念的争持，新旧事物的并存，使人们的心理环境呈现出多样的特点，表现出多重复杂性。广播电视是通过声音和图像进行传播，并深入到家庭的现代化传播工具。这是广播电视传播的特点，也是广播电视传播的优势。广播电视应当立足自己的优势，从以下三个方面，把握社会心理环境的复杂性，明确舆论引导的策略。

第一，根据社会心理思辨性越来越强的特点，引导中贯彻参与原则，取得接近性效应。在计划经济体制下，人们执行的是自上而下的生产计划、工作计划，因而普遍形成了一种遵从心理。在市场经济成分越来越多的条件下，人们更多的是通过自主决策来参与经济运行。这就使人们要更多地进行自主思维，也就使社会心理呈现出思辨性越来越强的特点。在市场经济条件下的经济活动中，人们无论是选定经营项目，开发新产品，还是进行各种形式的投资，进行商贸谈判，都需要自主思维。从经济生活延伸到文化生活、政治生活，人们对各种问题的看法都带有浓厚的思辨色彩。但是，由于市场经济还不成熟，由于社会转体时期一些事物的规律性外在表

现还不很明显，也使人们的心理思辨方法表现出不成熟。这就需要引导。而引导的一种重要方式，就是要贯彻参与原则。社会心理的思辨性越强，人们就越需要参与。而受众对广播电视节目的参与，又是吸引力最强、影响面最大的一种社会参与。实践已经证明，受众对广播电视节目的电话参与和演播室直播参与，都取得了较好的社会性效果。然而，要取得更好的参与效果，广播电视节目不仅要组织受众进行生活参与（如点歌），更重要的是要组织受众多进行新闻参与（如中央电视台新闻节目中播出的《百姓访谈录》），以及多进行时政参与（如广东新闻台的热点电话讨论）。通过这些参与，让受众得出共同的正确的认识，不仅取得广播电视与受众之间的接近性效应，而且取得党和政府与人民群众之间的接近性效应。这样，通过良好的舆论引导环境，以造成良好的社会心理环境。

第二，根据社会心理多变性越来越突出的特点，引导中贯彻一致原则，取得连续性效应。人们的社会心理状态，是随着社会经济、政治、文化状态的发展变化而发展变化的。尤其是在今天新旧体制转换时期，既有雨后春笋般的新事物不断涌现，又有乍暖还寒式的旧惰性复归。这种社会环境的多变性，很容易造成心理环境的多变性。这就需要广播电视的舆论引导，在一些基本问题和根本方向上，贯彻一致原则，以取得连续性效应。比如，在坚持以经济建设为中心、弘扬民族优秀传统文化、发扬党的优良传统作风等问题上，就必须理直气壮地贯彻始终如一的原则，而决不能摇摆不定。邓小平同志之所以强调坚持党的基本路线一百年不动摇，很重要的，就是要使人们在心理上对以经济建设为中心，有一种信任感和稳定感。广播电视在其他方面的宣传也是如此，应当在基调上把握一致原则，决不能随意顾此失彼、厚此薄彼、褒此贬彼，更不能随便今天否定昨天，明天又否定今天。只有坚持宣传基调的一致，才能正确引导人们在改革开放的过程中认清社会的发展方向。既接受新生的先进的东西，又坚持原有的正确的东西。以防止在社会变革发展中产生变异心理，使人们始终保持良好的社会心态，促进社会各方面的发展。

第三，根据社会心理容易逆反的特点，引导中贯彻交心原则，取得融合性效应。逆反心理现象，是人们对一定的社会环境和社会信息，在认识的基础上所作选择的反应。这种心理的产生，有其历史的原因和社会的原因。在今天的社会条件下，产生逆反心理的原因有多种。但从传播的角度来看，主要有两种。一种是传播的否定性宣传。一些人过去在传统计划经济体制下形成了封闭、禁锢的心理积淀，走向改革开放以后，学会了独立思考，凡事要反问一个为什么。因而对传播中的否定性宣传或抱怀疑心理，或抱好奇心理，产生出"逆反效应"。另一种是传播者信息量过大的宣传。为了巩固和加强某种宣传意向，宣传中过量提供信息或过分渲染气氛，都有可能使受众难以接受，以致产生"逆反效应"。消除逆反心理现象，最重要的，传播者在做到客观真实和全面的同时，要努力贯彻交心原则，即和受众平等讨论，相互理解沟通，使受众通过谈心、思考、选择，获得认识上的一致。广播电视板块化、栏目化的主持人节目，恰恰具有这方面的优势。主持人在主持谈话的过程中、在受众参与过程中、在有关广播电视资料运用过程中，可以寓情于理，循循善诱，最大限度地取得交心融通的效果。一名好的节目主持人，在主持节目时仅仅做到声情并茂是不够的，还必须能够做到情理并融。一个好的板块化、栏目化节目，在受众中仅仅有愉悦的听觉和视觉感受是不够的，还必须有着一种春雨润物的作用。这是提高主持人素质，办好板块化、栏目化节目值得认真研究的问题。这样，通过在节目中贯彻交心原则，通过节目中情理并融、春雨润物的效应，不仅把受众带入一种高品位的节目氛围之中，而且也使受众自觉消除某些逆反心理，进入一种高层次的心理环境之中。从而，潜移默化地准确稳妥地发挥好广播电视的引导作用。

（本文原载于《潇湘声屏》1994 年第 6 期。收入《中国新闻年鉴》1995 年卷、《中国广播电视年鉴》1995 年卷、湖南人民出版社 1999 年出版《湖南新时期社会科学优秀成果荟萃》等书。获湖南省广播电视厅"1994 年市场经济宣传研讨会"优秀论文奖、湖南省第六届新闻学术年会论文评选一等奖、1994 年度全国广播电视学刊优秀论文评选一等奖。）

附录：

《中国广播电视学刊》1995 年第 2 期，刊载胡礼伦、陶毅的文章《从'94 全国学刊获奖论文看广播电视研究的若干趋向》。

文章写道:"综观以往研究者们在探讨广播电视舆论引导的重要性、内容和特点时,偏重的角度不外乎三个方面:一是从市场经济的经济环境出发,二是从安定团结的社会政治环境出发,三是从发挥'党和政府的喉舌'这个主功能出发,选取的基本上是一种由上而下的视角。这次获一等奖的,湖南《潇湘声屏》推荐的王小夫的论文《社会心理环境与广播电视引导》,没有沿袭这个旧角度。他采取由下向上的视角,从不断变化着的受众的心理角度,论证广播电视舆论引导对于培养健康的社会心理环境的重要性。并提出只有把握好社会心理环境变化的阶段性、倾向性、复杂性,才能明确广播电视每个时期引导的职责、重点和策略。这是一个具有很强实践意义的论断。使我们对如何做好舆论引导工作的理解更深入更全面,有助于我们提高舆论引导的准确性和有效性,也就是提高舆论引导的质量。这个论断,还有助于克服部分广播电视新闻工作者某些僵硬的心理定势,提高新闻编采人员自身的心理素质,认识到舆论引导首先是对受众的引导、对人的引导,是对人的不断变化的思想和心理的引导。引导的终极目标,是使受众的心理和行为,朝着符合建设两个文明的需要和走向规范地发展。王小夫的文章,确实使我们感受到了一些新东西。"

从微波到卫星互联网

——关于电视传播螺旋式发展的思考

电视业经过半个多世纪的发展,可以说现在已经到了如日中天的时候。然而,随着近些年互联网的出现和发展,电视业的人士感受到了愈来愈强烈的挑战、威胁和困惑:互联网作为"第四媒体",会不会取代、吃掉电视、广播、报纸等传统媒体? 在互联网兴起之际,电视向何处去? 我认为,面临世纪之交的新形势,面临高科技的快速发展,电视工作者一方面大可不必杞人忧天、不知所措、疑行无成,另一方面更不可自命不凡、无动于衰、坐失良机。辩证唯物论的基本观点认为，任何事物都是呈螺旋式、波浪式向前发展的。互联网的出现和发展，为电视传播的螺旋式发展创造了新的有利条件。我们必须不失时机地把握住其中发展变化的内在规律和趋势，审时度势，转变观念，深谋远虑，走向电视发展的新世纪。

一、电视传播螺旋式发展的五个阶段

马克思主义哲学的基本原理认为，任何事物都处于一定的联系之中，都在一定的联系之中存在和发展。马克思主义哲学的否定之否定规律又告诉我们，事物的发展又总是以相互联系的事物为条件，呈螺旋式、波浪式向前向上运动。在发展的过程中，有时会重复前一阶段的某些特征，"仿佛是向旧东西的回复"，然而实质上是达到了更高级的阶段。从技术上来看，电视传播的发展过程莫不是如此。纵观几十年来的历史轨迹，同时根据高科技的发展预测，电视传播螺旋式发展大致可分为五个阶段：无线（微波）—有线（有线电视网）—无线（卫星直播）—有线（宽频互联网）—无线（卫星互联网）。

第一阶段为无线传输覆盖，主要通过微波技术实现。电视台的节目信号，通过 50 公里一站的微波接力传送，传向四面八方。最终经过大大小小的电视转播台，以无线发射方式传给千千万万的用户。用户又通过电视机上的接收天线和安装室外天线，收看电视节目。这种方式传播的电视图像质量较差，用户收看的节目套数也很少。在覆盖条件困难和技术较为落后的地方，这种覆盖方式尽管使用了几十年，但现在仍然存在。

第二阶段为有线传输覆盖，主要通过有线电视网技术实现。电视台的节目信号，通过卫星或者微波接入有线电视网的前端，然后经过各种电缆直接传向有线电视网的终端即千家万户。这种方式传播的电视图像质量，较第一阶段有很大的提高。用户收看的节目有几十套甚至一百多套，我国城镇一般都达到了 30 套左右。这种方式因为卫星技术的运用，最大的特点是节目传送打破了区域的限制，使用户收看的节目套数增加、质量提高。从各国的情况来看，这种方式现为电视传播覆盖的最主要方式。但是，这种方式是单向的、模拟的技术方式。

第三阶段又为无线传输覆盖，主要通过卫星直播技术实现。电视台的节目信号，先送上卫星，然后通过卫星 Ku 频段或更先进的 Ka 频段转发器，直接播出传送到户。用户只要用小型碟形天线，就可以直接收看到卫星电视节目。因为使用了数字化技术，卫星直播到户的电视节目质量达到了较高标准，同时也进一步扩大了覆盖范围。现在美国、加拿大、法国、日本等发达国家，已经开通了卫星直播。仅美国收看卫星直播节目的用户，就突破了 1000 万户。我国在实施村村通广播电视工程中，也使用了卫星直播技术。但是，这种传输方式仍然是单向的。

第四阶段又为有线传输覆盖，主要通过宽频互联网技术实现。这是电视与计算机网络融合的崭新阶段。从电视传播的角度来说，其突出变化是实现了双向传播的"互动电视"。电视台的节目借助宽频（即宽带）互联网的传送优势，或是即时播出，或是存储于大容量服务器，受众可以即时收看，也可点播收看。受众使用的是电脑化的数字电视机，既可按需要点播影视节目，也可使用电脑上网的各种功能。电视台将演变成与互联网结合的新型媒体。利用宽频互联网进行互动电视服务，已经成为国际上的趋势。美国在线公司与时代华纳公司合并后，正在积极推出 AOL TV 互动电视服务。美国的微软公司、IBM 公司，日本的索尼、东芝、松下三大公司，还有欧洲、东南亚一些国家的公司，也正在积极开展互动电视业务。国内的许多公司，也正在积极抢占先机。深圳迪科公司利用专有的有线电视宽频互联网平台，已经申请了专用的服务域名，建成了"宽带互动电视系统"，将开通新闻、财经、影视、体育等 9 个服务频道。上海东方网站已经启动互动电视项目。北京电视台、广东电视台、凤凰卫视已经购买互动电视播出系统技术。不少业内专家认为，电视与互联网结合虽然还有一些技术问题需要解决，但已经成为世界潮流。在互联网中播出"互动电视"，将会是电视传播在相当长的时期内的主流方式。

第五个阶段又为无线传输覆盖，主要通过卫星互联网技术实现。这既是电视传播的高级阶段，也是全球通讯的高级阶段。笔者所得知的信息为：美国通信业大亨雷格·麦考和软件业大亨比尔·盖茨联合投资，将发射 840 颗卫星于地球上空 690 公里的轨道上，形成覆盖地球的卫星互联网，于 2004 年开始提供有关业务服务。用户只要用相应的天线和信号译码器，就可以在地球上任何一个地方，得到计算机或通信服务。至于能否传播"互动电视"，我们还不得而知。但笔者相信，随着高科技的发展，电视传播一定能成为卫星互联网的重要内容。到那时，人们只要有一台移动手提电脑电视机，无论是在太平洋上，还是在撒哈拉沙漠之中，都可以通过卫星互联网收看互动电视、上网、通信。人类将真正进入电视和通信的自由王国。

从微波到卫星互联网，电视传播经过从无线到有线的反复发展，不断从低级阶段走向高级阶段。由于经济状况、科技水平和地域环境的不同，这五个阶段在各个国家和地区会有着不同的情况，各个阶段是错综复杂的。各个阶段在许多地方的状况，将会相互并存。然而，第一、二、三阶段已经成为现实，第四阶段也即将成为现实，第五个阶段正在探索之中。笔者不是从事技术工作的。但我认为，科技的发展，必将不断对人类社会的其他方面产生重大影响。因此，研究电视传播技术的发展规律和趋势，认识这种发展所产生的历史影响，正确调整和制定我们的工作战略，对于加快广播影视事业的发展，有着至关重要的作用。

二、电视传播螺旋式发展的历史影响

从对电视传播螺旋式发展五个阶段的分析中可以看出，电视发展到今天，与互联网的融合已成必然。这是电视传播发展过程中的一个重要转折点，也是电视传播发展重要的新起点。当电视与互联网融为一体的时候，我们没有必要去担心电视和互联网"谁取代谁"的问题，也没有必要去感叹和争论互联网是否是"第四媒体"的问题。重要的问题是，我们要及时了解认识电视传播在新阶段将会产生的历史影响，以明确我们的发展思路和对策。我认为，其历史影响主要是：

其一，丰富电视资讯内容。由于传播技术日趋先进，将使电视传播的信息增多、速度加快，传播的内容更为丰富。就电视节目传播而言，将出现快播、窄播、选播的特点。所谓快播，就是与新闻事实发生的同步新闻报道会越来越多，人们了解的正在发生的信息会越来越多。特别是在开通"互动电视"之后，受众不仅可以即时看到正在发生的新闻，而且还可以同时在互联网上了解详细的新闻背景资料。所谓窄播，就是根据受众的需要和兴趣，将电视频道专业化和专题化。按报道的内容，可分为新闻频道、经济频道、文艺频道、体育频道等；按受众的需要，可分为影视频道、音乐频道、旅游频道、购物频道等；按受众的兴趣，可分为时尚频道、开心频道、谈侃频道、名人频道等。所谓选播，就是受众运用"互动电视"的先进技术，不受播出顺序的时间限制，任意选看自己感兴趣的各类电视节目。尤其是随着广播电视节目制作的社会化、多元化发展，电视频道的节目源将不断扩大，受众选播的内容将更为丰富。

其二，改变电视消费方式。受众收看电视，实质上是一种电视文化消费行为。受众购买电视机、交付有线频道和互联网费用之后，目的是及时获取有关信息和欣赏到文化价值较高的影视产品。在电视单向传播的状况下，受众的消费方式是单一的、被动的、间接的。观众看到的只是单一的电视节目，而且电视台播什么就只能看什么，与电视台联系只能采用电话或书信的方式。当出现宽频互联网的"互动电视"之后，电视消费方式将发生质的改变，呈现出综合性、互动性、直接性的特点。综合性主要表现为：观众不仅可以收看到自己需要的电视节目，而且还可以通过计算机技术，及时获得有关数据资料和背景资料。互动性主要表现为：观众可以随时点播感兴趣的信息节目和影视娱乐节目，并且可以通过计算机技术参与节目，提出自己的问题，发表自己的看法。直接性主要表现为：观众可以直接在电视节目播出过程中，进行电视咨询、电视购物等活动。电视播出技术的发展，将会使受众更深刻地感受到电视消费的便捷和其中的乐趣。

其三，促进电视文化融合。一定社会文化的形成和发展，总要受到一定社会生产技术、生活方式和地理环境的影响和制约。一般来说，社会生产技术的进步，将带来社会生活方式的改变，进而促进社会文化的发展。特别是社会传媒的发展，是文化现代化的重要标志。著名科学家钱学森教授认为，随着社会技术的进步，人类文化大致可分为机械文化（如陶瓷、壁画、雕塑）、影视文化、信息文化。钱学森教授的文化划分是有一定道理的。但我认为，随着科学技术的发达，影视文化特别是电视文化，仍然是信息文化的重要内容。电视文化，是社会文化在电视艺术中的集中体现。需要我们认清的是，传播技术的发展和同化，将促进电视文化的融合。这种融合的过程，实质上是不同民族文化之间的竞争和影响过程。我们不能坐等西方民族文化来融合我们东方中华民族文化，更不能坐等西方传媒集团的"文化侵入"，而应当努力扩大中华民族文化在世界上的影响。所以，电视传播技术愈发展，电视文化的交流和融合就会愈密切。而电视文化的交流和融合愈密切，我们弘扬中华民族文化的责任就愈重大。

其四，加剧电视媒体竞争。回顾电视的发展过程，我们不难看到，电视传播技术越是进步，电视媒体之间的竞争越是激烈。其中的主要原因是，电视传播技术的进步，不断扩大了电视市场。在微波传送的时代，电视覆盖为区域性，节目服务基本上为公益性，是谈不上有多少市场的。在有线电视网络时代，节目交叉覆盖，且又实行了缴费收看，电视市场在逐步形成。在实行卫星直播技术特别是互联网技术之后，电视节目内容增多，服务项目丰富，全球信息传播一体化市场进一步拓宽，市场潜力增大。这就促使各电视媒体千方百计争收视率、争点击率，以扩大自己的传播影响，最终扩大自己的市场份额。扩大传播影响的重要途径，就是不断扩大产业规模，在产业上并购和联合。近10年来，世界电视业强强并购、大小联合，从未间断。世界电视产业前20强，除了4家公共电视机构外，都曾兼并过别的企业或被别的企业兼并过。在我国，随着市场经济的发展，随着加入WTO，电视业打破区域、级别、行业的并购和联合，也是必然趋势。强者更强，弱者更弱，将成为电视媒体竞争的现实。

三、电视传播螺旋式发展的应对战略

电视传播技术的不断进步，对我们整个广播影视业的影响是巨大的。有的影响我们一时还难以预料。这些影响，使我们事业的发展既面临种种挑战甚至种种危机，也面临种种新的发展机遇。我们应当在密切关注电视传播技术特别是互联网技术进步的同时，正确制定新形势下的应对战略，采取有效措施，增强持续发展的后劲。制定发展战略的重点主要是：

确立大传播观念。在经济全球化的时代背景下，随着电视传播技术特别是互联网多媒体技术的更新，将加快全球信息传播一体化市场的形成。在这样的条件下，无论是国际上还是国内，都将出现主流型、引导型传播媒体。这也就是说，在新闻舆论宣传中，在影视产品的交换中，谁能形成主流型传播和引导型传播，谁就能拥有市场。在计划经济条件下形成的中央台、省台、市台、县台分级播出观念，显然已经不能适应这种新的形势。那种视野狭窄、各自为政、单枪匹马的做法，只能是小打小闹，形成不了大的气候。要看到，在我国加入 WTO 以后，如果我们不能以主流型传播和引导型传播在国际上产生影响，那么国外的主流型传播和引导型传播就会影响我们。在国内，省市区媒体之间的影响也是如此。大市场需要大传播，大传播需要新观念。这是新形势下传媒竞争的现实要求。

强化高质量意识。我们的影视传媒要在激烈的竞争中不断扩大影响、拓展市场，重要的是取决于影视产品的质量。传播技术愈发达，质量要求愈高。这里所说的高质量，主要是指影视产品的文化质量、艺术质量、技术质量。而且这三方面的质量愈统一，整体质量水平就愈高。所谓文化质量，就是影视作品中要努力反映本民族文化和时代文化中最具特色和最本质的东西。反映得越集中、越典型，开掘得越深，文化质量就越高。所谓艺术质量，就是影视作品中要努力体现有创新特点的创作方法和艺术表现手法。创作方法和艺术表现手法越是有新的特点，其艺术欣赏价值就越高。所谓技术质量，就是影视作品的生产过程中，要努力运用先进的高新技术手段。高新技术的运用，不仅有利于提高生产制作质量，而且也有利于提高艺术质量。无论是新闻节目还是专题节目，无论是娱乐节目还是社教节目，都应当努力从文化品位、艺术手法、技术手段统一的高度，提高自身质量。这样，才能通过先进的电视传播方式，取得更好的传播效果。

培育高智能人才。电视传播技术的进步，要求电视从业人员有更高的综合素质，特别是新的知识结构、新的采编技能、新的信息传播观念和受众观念。就电视传播的特点和人才的整体素质而言，我认为，电视媒体应着重培育高智能的创新型人才、效应型人才和团队型人才。创新型，就是在新闻宣传、节目策划、影视剧创作、技术应用、现代化管理等方面，经常有新的构思、新的手法、新的办法。效应型，就是在节目编导、节目主持、节目制作等方面，因为有好的质量和好的影响，较长时期在受众中形成了一种名人效应。如美国哥伦比亚广播公司《60 分钟》节目 82 岁的主持人麦克·华莱士。这是电视传媒最为宝贵的无形资产。团队型，就是以自己某方面的突出才干，在集体的节目生产中有较强的合作精神。一个媒体要在大传播的新形势下形成自己的影响，必须大力培育这三种类型的人才。

推进大集团运作。电视传播技术的发展，特别是与互联网技术的融合，形成了电视业崭新意义的大传播。大传播呼唤大媒体。特别是在我国将要加入 WTO 的形势下，为了使我国的传媒特别是影视传媒能积极参与国际竞争，尽快组建大的传媒集团已经成为许多人士的共识。组建传媒大集团，是我国传媒业体制改革的最重要内容。但是，组建传媒大集团应当采取何种方式，是行政捆绑式还是市场培育式？我认为，应当在运用一定行政手段的同时，主要通过市场运作，来加快传媒大集团的形成和发展。传媒资源的优化配置、传媒机构的优化组合，传媒结构的优化调整，只能通过市场运作来实现。大市场打造大集团。只有严格按照市场规则运作和经过市场风雨的磨炼，才能真正形成有实力有影响的传媒大集团。作为政府及有关部门，应当积极为传媒大集团的形成和发展，创造有利的政策条件和运作环境。作为媒体特别是电视媒体，也应当努力寻求和利用有利的政策条件和运作环境，充分发挥互联网等先进传播技术的优势和自身的优势，抓住时机，加快发展，增强在国内和国际信息传媒行业的竞争实力，最终形成以电视媒体为主体的多媒体、多功能的综合型传媒集团。

（本文原载于《潇湘声屏》2000 年第 8～9 期、《中国广播电视学刊》2001 年第 2 期。获湖南省第七届广播电视学术论文评选一等奖、全国第七届广播电视学术论文评选二等奖，收入中国广播电视出版社《全国第七届广播电视学术论文评选获奖论文集》。）

论广播电视节目优化链

广播电视的传播作用，是通过一个个具体的节目来实现的。要取得好的传播效果，必须努力实现节目优化。节目优化，又是受各种因素制约和影响的。最好的时间，应当播出最好的节目。最好的节目，必须靠最好的编导来制作。制作最好的节目，需要最优的技术设备条件来保证，需要最强的工作动力来激励。这些因素，是互为因果、互相作用的。仔细考察这些因素的内在作用，我们不难发现，在节目优化的过程中，有这样一条链：最佳时间/最佳节目/最佳编导/最佳设施/最佳机制。正确认识这条节目优化链的内在客观规律，准确把握其中的环节要求和控制指向，对于我们更多地制作出高质量的广播电视节目，更好地发挥广播电视的传播作用，有着重要的意义。

一、节目优化链的哲学依据

辩证唯物论认为，世间的各种客观事物，都不是孤立存在的，都与周围其他事物有着某种紧密的联系。我们要把握客观事物存在和发展的内在规律，就必须认真研究这一事物与周围其他事物之间直接的、内部的、本质的、必然的联系。以这种科学的世界观和方法论来认识广播电视节目，就不难看出，广播电视作为社会精神产品，也不是孤立存在的。考察一事物与他事物的联系，必须考察其整体联系。从整体上考察广播电视节目的生产过程，其联系是多样的、复杂的。许多间接的、外部的、非本质的、偶然的因素，都作用于、影响于广播电视节目。然而，决定广播电视节目质量的，还是那些直接的、内部的、本质的、必然的因素。这主要的就是生产节目的人员，生产节目的硬条件即技术设备，生产节目的软条件即工作机制包括政策、措施、办法等。同时，最终实现节目的质和量的还有一个重要因素，就是播出时间。当然，优质节目要取得完整的社会效益，还有传播条件和接收条件的问题。但是，仅就节目优化而论，作用于节目的，主要有上面这些因素。

辩证唯物论还认为，从客观世界事物的普遍联系来看，一切现象都处在无限的相互制约的链条之中。客观事物都存在着固有的因果联系、因果规律。这也是辩证唯物论的决定论原则。运用这个原则考察广播电视节目优化问题，不难看出，在节目、编导、设施、机制及时间之间，也存在着必然的因果联系、因果规律。好的机制、设施，是调动编导工作积极性的原因；编导工作积极性的增长，是生产好的节目的原因。而这之间的因果联系，不是单程的，而是双程的。节目优化的效果，又可以成为完善机制、改善设施的原因，也可以成为进一步激发编导工作积极性的原因。由此可见，节目优化链上的最佳时间、最佳节目、最佳编导、最佳设施、最佳机制，是相互影响、相互作用，互为因果关系的。这些因素的因果联系，并不简单是环环相扣的直线链。广播电视节目优化链，是以最佳节目为中心，以最佳编导为重点，其他因素与节目交相连环的综合链，用图表示则为：

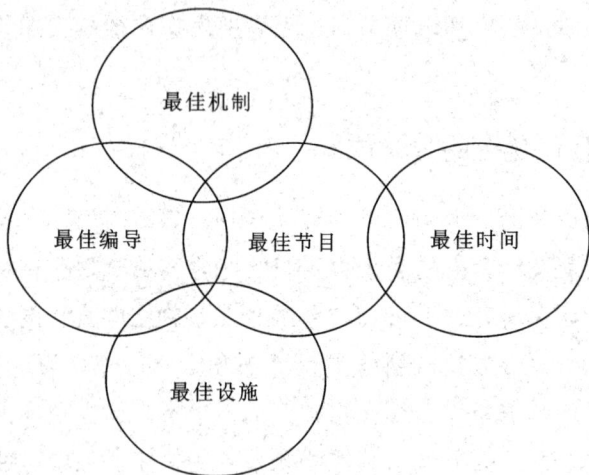

最佳机制

最佳编导 最佳节目 最佳时间

最佳设施

从以上的综合链图可以看出，节目优化链的中心是最佳节目。最佳节目是最佳编导生产出来的。而最佳机制和最佳设施，又是最佳编导生产最佳节目所必不可少的基本条件。最佳节目质量、价值的实现条件，又离不开最佳时间。只有认清了这些因素之间的因果联系，才能使我们找准节目优化的着眼点，找准提高节目质量的途径。

广播电视节目优化链的内在规律，要求有关的因素必须努力实现最佳。这里所说的"最佳"，不是指绝对的顶点，而是指节目生产过程中的一种配置、一种追求、一种方向。所以，广播电视节目优化链在哲学上的另一个依据，就是辩证唯物论的两点论和重点论的统一。两点论和重点论的基本要求，就是我们在研究事物的内在规律时，必须研究其中的主要矛盾和非主要矛盾，必须研究矛盾的主要方面和非主要方面。而研究的重点，又必须是主要矛盾和矛盾的主要方面。无论是电台还是电视台，工作千头万绪，矛盾很多。而要解决的主要矛盾，则是提高节目质量。就节目生产和受众需求这对矛盾而言，节目生产则是矛盾的主要方面。在节目生产过程中，又必须保证有一批重点节目。所以，把握节目优化链的内在规律，有助于我们在思想认识和工作方法上避免陷入一点论和均衡论，从而抓住根本矛盾和关键部位，争取最佳工作状态，取得最佳工作效果。

弄清广播电视节目优化链的哲学依据，对于我们办好各类广播电视节目，有着很强的实践意义。无论是广播还是电视，无论是大台还是小台，无论是综合台还是专业台，都有一个节目优化问题，也就都有一个如何把握节目优化链的问题。只有从一个台的宏观上把握好节目优化链的重点环节，才能不断生产出高质量的节目，以提高整体传播水平。

二、节目优化链的环节要求

节目优化链，是相互联系的多种因素所组成的稳定的整体系统。每一种因素都是这个系统中的一个重要环节。这些环节是紧密相连、环环紧扣的。因此，我们要实现节目优化的目的，就必须努力使其中的每一种因素准确定位，认真把握好其中的环节要求。所谓环节要求，实际上也就是在节目优化的过程中，起关键作用的重要条件。从整体上来看，这些环节要求主要是：

节目策划到位。作为节目优化链的中心环节，节目策划是非常重要的。策划到位，主要是指从台领导到编辑、导演、制片人、节目主持人，都要有很强的策划意识，有切实可行的策划措施。节目策划，首先要做到从本台的实际出发，合理设置各类节目，形成合理的节目格局。每个台所处的社会位置不同，所处的地域位置不同，面临的特定受众面不同，所设置的节目也就不可能一样。尤其是有些节目只适合中央台办，地方台就不要邯郸学步，更不要去"抢"。比如中央电视台一年一度的春节晚会，影响很大。不少地方台也依葫芦画瓢，实际上大都是劳民伤财之作，因而只能说是节目策划上的一种错位。节目策划，更重要的是要对具体节目精心设计、精心构思、精心编导。一个具体节目一旦设置，就应有特定的内容、特定的风格以及它要达到的播出效果，而且还要努力追求最佳。中央电视台的《综艺大观》、《东西南北中》、《曲苑杂坛》，都是文艺节目，然而各有内容重点和风格特色，可见其策划之独具匠心。然而，我们有些台的节目，起个名就上，顺手拿来资料就播，一看就是先天营养不足，关键是缺乏策划。节目策划到位，还有一个重要方面，就是要认真履行编辑、导演、制片人、节目主持人本来意义上的职责。现在，不少编辑只是修改来稿，不少制片人只是派工考勤，不少主持人只是剪辑资料，这是节目难以优化的重要原因。其实，编辑、制片人、主持人的主要职责，就是设计节目。这是节目策划到位不容忽视的要求。

人员配备到位。如果说广播电视节目是一种精神产品，那么，编辑、导演、制片人和主持人等人员，则是生产这种精神产品的主要生产力。生产力的状况，决定精神产品的质量。要生产出优质节目，必须根据节目质量的要求，根据专业人员的业务素质及发展定势，合理配备有关人员，选准最佳编导。这里所说的最佳，并不是说一个台只能挑出少数好的编导人员，而是指一个节目要尽量配备最适合的编导人员。最佳是相对的。有的专业人员办这个节目可能不适合，而办另外一个节目可能很恰当。这就有一个选择和配备到位的问题。另外，就一个节目而言，还需要各类人员配备也要到位。制片人、主持人、编辑、记者一起来办一个节目，应当有一种人才互补的效果，即各展其专业所长，配合默契，齐心协力，才能使节目质量不断上新档次。而我们现在有些节目的制作人员，不说按专业特长去配备，就连起码的业务素质都很难说具备，节目优化当然就无从谈起了。当然，要从根本上解决这样的问题，还依赖于人事制度的改革。但是，作为主管领导来说，尽可能根据有关人员的专业所长来配备节目制作力量，对于生产高质量的节目是至关重要的。

机制运行到位。有了高水平的制作节目的生产力，还必须有与之相适应的生产节目的硬环境和软环境。硬环境主要是技术设备条件。因受各个台经济实力的制约，这只能从实际出发尽量予以保证。而软环境则主要是与生产密切相关的工作机制，包括管理方式、政策措施等。这种机制，从某种意义上来说，实际上是精神产品生产过程中的生产关系，同样对精神产品生产力的活跃和发展，起促进作用或者起限制作用。因此，确定这种最佳机制，并使这种机制运行到位，对节目优化关系极大。最佳机制运行是否到位的标志，是这种机制能否给节目制作人员以适当的压力，能否满足节目制作人员自身的需要，从而能否最大限度地激发、调动他们的工作积极性。节目制作人员感受的压力，主要是劳动谋生和事业竞争的压力。节目制作人员自身的需要，主要有参与社会事业实现人生价值的需要，有才干合理使用工作心情舒畅的需要，有做出贡献后工作和生活条件不断改善的需要，等等。只有感觉到这些压力，满足了这些需要，才能有效地激发、调动这些人员的工作积极性，将其智慧和精力最大限度地投入到节目优化的生产过程中去。所以，这种机制，实质上是一种压力机制，一种动力机制，一种利益机制。现在有的台节目质量上不去，并不是缺少人才，也不是硬环境太差，而是这种机制还没有形成，或者是确定的机制运行没有到位。在今天的社会，从事广播电视事业还是受人羡慕的。然而，为什么有的同志在这个行业工作了一段时期，仍然觉得没劲、乏味呢？这除了少数人受社会上拜金主义、分配不公现象的影响外，恐怕更多的还是一些同志没感受到社会生存和事业竞争的压力，或者需要有展示才干的环境，需要有和谐的人际关系，需要自己的工作价值能得到肯定。否则，就没有心思和兴趣去钻研业务，制作的节目也就不可能精益求精。因此，健全一种最佳的运行到位的节目生产机制，这是节目优化的重要环节所在。

三、节目优化链的控制指向

节目优化链，是一个有机的联系紧密的整体。要使其中的每个环节都达到最佳状态，还必须做到以最佳节目为中心，从整体上去把握几方面的关系，从整体上控制确定的指向，使节目优化真正达到比较理想的效果。需要把握的关系，主要有以下几个方面：

要把握好舆论导向与受众需求的关系。广播电视作为现代化舆论工具，是党、政府和人民的喉舌，既有宣传党的路线、方针、政策的职责和职能，也有为广大受众提供服务、娱乐的职责和职能。这二者应当是统一的、和谐的。高质量的广播电视节目，体现了这二者的统一与和谐。这实际上也是节目优化的主要标准。因此，在节目设置、策划及内容选择上，就必须把握好舆论导向与受众需求的关系。所谓舆论导向，最主要的是宣传意向要正确、健康。所谓受众需求，更多的是希望有周到的服务内容和满意的娱乐欣赏。做到这二者的统一，关键还是在于节目生产人员既具有较高的思想政治水平和政策水平，又具有较强的专业素质。所以，对专业人员加强这两方面的严格要求和严格训练，是实现舆论导向和受众需求高度统一的重要保证。

要把握好特殊人才与整体素质的关系。广播电视节目的生产作为一种精神产品的生产，需要有一批高水平的专业人才。对于这些人才来说，无论是思想品德修养，还是基础学科知识，还是专业技术能力，都有着很高的要求。现在，许多台都宣称要培养自己的名编辑、名记者、名导演、名主持人。对这些拔尖人才的选拔和培养，的确是不可忽视的。可以说，一个台如果没有一定的拔尖人才，就不可能有一定的名牌节目。因此，精明的领导都重视本单位的特殊人才。然而，广播电视节目的生产是一项系统工程，节目整体优化是全台综合业务素质和能力的体现。因此，整体素质的提高是十分重要的。可以说，一个台如果没有整体素质的不断提高，就不可能有整体节目的不断优化。所以，高明的领导，既重视特殊人才的培养，也重视整体素质的提高。现在的问题是，不少单位在这两方面都有差距。有的人才在节目中影响大，在社会上知名度高，在本单位却熟视无睹，甚至被认为可有可无，视同鸡肋。另外，这几年由于多种原因，再加上人事制度改革不彻底，不少人员是因为各种关系走上广播电视岗位的，缺乏严格的专业训练，有的连基础知识和规范程序都不甚清楚，就参与节目生产。这就不能不降低专业队伍的整体素质，也不能不影响整体节目的质量。对于这两方面的问题，如果不引起高度重视和采取有效措施，节目优化就只能是一句空话。

要把握好重点节目与系统效应的关系。要使我们的广播电视节目在社会上取得好的宣传效果，毫无疑问，必须要有自己的重点节目、重点栏目、重点报道，还要努力争取某些节目能够获得政府大奖。但是，我们的各类节目，不可能都成为精品力作。拔尖的获奖的节目、稿片，只能代表着一种水平，而难以体现全部节目的系统效应。一个台所有的节目作为系统，应当显示一种日常播出的系统宣传效应。一个企业的名牌产品，并不是指几件单个的精品，而是指整体产品质量。设置了一个节目，就要体现这个节目的必要性，使这个节目上一定的档次，努力追求其播出效果。所以，我们讲的节目优化，既要讲求重点节目的轰动效应，更要追求整体节目的吸引效应，有稳定的较高的收听率和收视率。现在，有些同志并没有处理好这种关系。比如评奖，有的单位为了获得某些单项奖，置整体节目质量于不顾，集中人力和时间搞"创优"。获奖成了目的，这就很令人疑虑。其实，有些评奖很难说有确定的标准，有的单位当评奖东道主就可以多获得几个奖项指标。这种评奖，于提高整体节目质量并无多大补益。这不能不说是走向了节目优化的误区。所以，评奖作为节目优化的手段，不可太多太滥，应当规范化，应当激励大家既办好重点节目，又努力追求节目的系统效应。这样，促使各台更好地把握节目优化链，提高整体节目质量水准，在改革开放和经济建设中履行好广播电视宣传的职责和职能。

（本文原载于湖南《声屏研究》'95 论文集、《中国广播电视学刊》1996 年第 4 期。收入《中国新闻年鉴》1996 年卷。获湖南省第五届广播电视学术论文评选一等奖、全国第五届广播电视学术论文评选二等奖。收入中国国际广播出版社《全国第五届广播电视学术论文评选获奖论文集》。）

论广播内涵优势

广播的优势是什么？有一种通常的说法是：广播的优势在于"传播速度快、覆盖面广、收听方便"。诚然，广播作为现代化的电子传播工具，在传播方式和技术效果上具有以上特点。但是，这仅仅体现了广播的外延优势。广播的发射功率愈大、转播台站愈多、收听设备功能愈先进，其外延优势则发挥得愈好。然而，广播要靠人去办，最终在听众中产生影响的是广播节目。如果节目办得不好，听众一关机，什么"传播速度快、覆盖面广、收听方便"就只是一句空话。因此，研究广播优势，更重要的，应从办好广播节目的角度，充分认识广播的内涵优势。也只有将广播的内涵优势与外延优势有机地结合起来，才可以说真正发挥了广播优势。

那么，什么是广播的内涵优势？如何发挥这些优势？在这里，姑且提出四论，以就教于广播行家。

一、把握时效性

新闻的时效性，是指在一定的时间限度内，新闻报道所产生的应有的最佳社会效果。好比一朵花，其开放的鲜艳期，必定只有一个相应的最佳时段。这个最佳开放效果的时段，就是开花的时效。"明日黄花"令人兴味索然，"凋零桃花"更令人不屑一顾。

在现代信息社会里，新闻受众更加需要新闻讲求时效性。加强时效性，也是新闻改革的一项重要内容。广播作为现代化的电子传播工具，与报纸、电视相比较，有着传播快捷、节目制作简单的特点，完全能够更快地将新闻传播出去，这是广播的一大优势。广播也完全可以凭借这种优势，与报纸、电视展开竞争。特别是近一两年来，在全国广播改革中走在前列的广东电台新闻台，率先将电话这种现代通信设施与广播结合起来播发新闻，不要转播车就可以搞现场直播，不要录音机就可以搞现场报道，大大提高了广播的时效性。这种优势，是报纸、电视无法比拟的，无疑将大大增强广播的竞争力，进而增强广播对受众的吸引力。

不少广播工作者，也确实将时效性如同真实性一样视为广播新闻的生命，努力缩短新闻发生与受众收听之间的时间差，使新闻价值得以最大限度的体现。同时，也使广播在听众中和社会上的地位不断提高。但是，也确有一些电台，并没有真正重视广播新闻的时效性问题，更没有采取有效措施增强广播新闻的时效性。以致一些本不应比报纸、电视晚发的新闻晚发三天、一周甚至更长时间，还使一些自家编采的新闻成为"明日黄花"。结果，面临各种新闻媒体挑战的广播，不仅削弱了自己的优势，也降低了自己在社会上的地位。

造成一些广播新闻时效性差的原因，主要有：一是部分编辑、记者新闻时效观念不强。记者、编辑在采写、编发稿件时缺乏时效压力。有不少新闻稿在时间概念上，不外乎"最近"、"日前"、"今年以来"、"前不久"等一类字眼。有的新闻稿甚至找不出时间。还有的新闻稿在内容上就没有时效性，一年四季皆可播出。二是信息渠道不畅。新闻信息来源不广，有的新闻线索从"二传手"那里获得，采访播出总是比人家"慢三拍"。对有些新闻性活动的消息了解不及时，而又不疏通关系、争取主动。三是传播设备差。记者采访重要的急需播出的新闻，其交通工具、传输手段都比较落后，以致某些时效性强的新闻不能及时播出。四是节目类型程式化。一般的广播节目，在编排上总是新闻、广告、专题、文艺各占一段时间。播发新闻如同乘公共汽车，过了一趟只得等下一趟，甚至过了末班车只得等第二天的早班车。新闻节目很少或没有直播，新闻的时效性就大为减弱。

要把握广播新闻的时效性，不仅要从新闻价值的角度理解"快"，而且更重要的，是要从遵循广播新闻规律的要求把握"快"。广播是给人听的。除了某些时宜性较强的稿件要选择时宜播出外，一般来说，广播新闻规律主要体现在"先听为快"上。但是，遵循广播新闻规律并不容易。比如，现在一条广播新闻从采访到播出的程序是：记者采访、写稿、审稿、编成、再审稿、录音、播出。这就或多或少造成了时效的"流失"，或多或少损害了广播电台的优势。

二、增强现场感

报纸、电视、广播三大新闻宣传工具，前二者主要是给人看，后者则主要是让人听的。三种工具各自的特点，决定了各自在表现形式上的重点。报纸的重点在于文字，电视的重点在于画面，广播的重点则在于音响。

广播新闻节目中的音响，是指直播或录音节目中所表现的，经过选择的与新闻主题有关的新闻人物语言音响和动作音响、新闻事件的现场音响和背景音响，以及有关的自然物体运动音响。这些音响的运用，与单纯的播音语言相比较，更能集中地表现新闻的真实性和客观性，使听众产生强烈的现场感。运用音响，还能在新闻节目中突出报道对象的主体地位，从而使广播对听众产生较强的吸引力，使听众对广播产生较强的信誉感。因此，要发挥广播优势，就不能不重视广播音响。台湾一家广播公司近年来改革广播节目的内容之一，就是加强有音响的节目。他们认为，"广播没有音响，就是扬短避长、自断生路、自甘衰落"。其中的道理，确实发人深省。实际上，有不少广播工作者对音响问题，对节目中的现场感问题，并未引起重视。有的当了许多年广播记者，竟然从未使用过录音机，从未搞过录音报道。这不仅是广播记者的退化，也是广播自身的悲哀。

重视节目音响，增强现场感，归根到底，要在广播节目中尽可能多一些录音报道、现场直播和机房直播。从现在的情况来看，广播节目中的录音报道和现场直播并不是多了，而是太少了。要改变这种状况，一方面要切实转变用办报刊的方法办广播的传统观念，大胆改革广播节目；另一方面也要采取有效措施，提供有利条件，鼓励编辑记者多采发录音报道，多搞现场直播，以及适当请被报道对象进机房直播。广播节目是让人听的。听觉艺术的充分展示，是广播工作者面临的重要课题，也是广播的一大长处。好的录音报道和直播多了，广播节目的现场感增强了，才能更充分地发挥广播听觉艺术的作用，才能抓住更多的听众。

三、拓展参与面

随着社会各方面开放的扩大，受众对于新闻传播媒介的参与欲也越来越强烈。这也为广播通过拓展参与面来发挥优势、重振雄风，创造了良好的契机。

受众对于广播的参与，较之对于报纸、电视的参与，要方便得多。广播可以不需要复杂的制作过程，就可以将受众的参与意念、参与要求、参与内容传播出去。这是广播对受众的诱惑力所在。如前所说，尤其是广播与现代通信设备电话结合起来后，广播在受众参与方面更形成了自己独有的优势，报纸、电视是无法与之竞争的。受众对广播的参与，看起来是受众对广播节目的介入，实质上是广播对社会渗透、影响的扩大，也是广播将自己的长处真正转换成自己的优势。因此，从这个意义上可以说，没有受众参与的广播，是保守、封闭的广播，也是没有活力、没有生气的广播。

随着广播自身改革的不断发展，受众对广播的参与在形式上不断出新，在内容上不断丰富。从听众来信、听众点播到机房直播、电话直播，说明受众对广播的参与已进入新的阶段。现在，受众对广播节目的参与，从整体类型上可分为间接参与、直接参与、同步参与。具体来说，从方式上可分为信函参与、录音参与、电话参与。从内容上可分为生活参与，如点歌、购物、求医、消费投诉等；新闻参与，如听众直接参与某一新闻的现场报道；时政参与，如听众对某一热点时事或某地政府的工作通过广播发表意见等。从目前来看，听众参与广播，在内容上多为生活参与。严格说来，这还只是一种低层次的参与。要更好地发挥广播的优势，使广播在社会上产生较大的影响，必须鼓励和组织听众对广播多进行新闻参与和时政参与。从实际效果来看，与新闻参与和时政参与相结合的最佳参与方式，则又是电话参与。可以说，电话参与和新闻参与、时政参与相结合，是最有影响、最高层次的广播参与，也是时代的发展尤其是改革开放的深入对广播提出的新要求。在这方面，广东电台新闻台作了可贵的探索，走在全国广播电台的前列。1990年元旦，他们通过长途电话，直播了90年代第一天天安门广场的升旗仪式。他们在1991年5月，又通过长途电话和海运局海岸电台收发讯台，直播了被困于孟加拉国港口的"普陀岭"号货轮的现场情况。1991年中秋节，他们又利用电话和广州海岸电台，连通北京、南极长城站及听众，让南极科学考察人员与祖国亲人进行对话。首都一家报纸对此评论说："电子时代的来临，赋予电话以营救广播的法力。电话在广东改变着中国广播史。"1991年11月，天津经济电台开办了"关心冬季人民生活热线电话"。他们把政府领导请进直播机房，通过电话与市民就政府工作和市民冬季生活问题直接对话，在社会上反响强烈。这些都说明，将电话参与的形式与新闻参与、时政参与的内容结合起来，广播就能形成和发挥出自己独有的新的优势，就能开辟出新的广阔的天地，就能呈现出新的生机勃勃的态势。

四、丰富包容量

广播存在的最终实现方式，是听众的收听。广播的收听，有两个显著的特点：一是不受文化水平高低的限制，二是不受时间地点的限制。根据这两个特点，广播节目在内容上吸引和影响听众的一个重要方面，就是丰富包容量。广播节目的包容量，除了自制节目的丰富多彩之外，还应当包括报纸、杂志、电视以及其他广播电台所提供的信息、知识、娱乐等方面的内容。听众只要打开收音机，就有"一机在手，耳听八方"之感。这样，广播的优势也就显现其中了。

丰富包容量，首先是要丰富广播节目新闻及经济信息的容量。在今天的社会，听众打开收音机，首先关心的是有什么新闻和有什么新的经济信息。而要不断丰富这方面的容量，关键是要有开放办广播的意识。本地广播当然要及时播发本地新闻和本地经济信息，但是仅仅如此，那就是一种封闭式的做法。不论哪一级广播电台，完全应该尽可能地同时为听众提供国际国内及外埠的新闻和经济信息。尤其是努力开掘信息资源，对听众开展信息服务，可以说是广播的第三产业的重要方面，大有潜力。这是因为，听众不论收听哪家电台广播，收听时都成其为特定的听众。你的信息容量越大，就越能展示你的优势，就越能抓住听众。比如，大连广播电台近年在新闻节目中新辟了《沿海开放城市信息》、《外省市电台信息》、《腹地信息》等栏目，提出"面向全国宣传大连"、"面向大连宣传全国"、"面向国际宣传大连"。其节目容量所形成的播出优势，是显而易见的。

根据不同层次听众的需要，努力办好综合性板块节目，是丰富广播节目包容量的又一重要方面。由于主持人主持的综合性板块节目，在形式上更接近生活，因而使听众很容易接受。办好这类节目，当然要讲求编排艺术。但是，真正吸引听众的，还是节目的包容量。如果节目容量丰富，内容既有新闻性，又有知识性、娱乐性、趣味性，就能使听众越听越愿听，越听越想听。如果节目中有适合不同层次听众的内容，就能吸引越来越多的听众。现在有些广播节目虽说也是"板块"，却是简单拼凑起来的几块。几篇稿子穿插几首歌曲，没有多少包容量，只会逐渐失去听众，这是难以谈得上发挥广播优势的。

丰富广播节目的包容量，实质上还是"汇天下之精华，扬独家之优势"。这句话说起来容易，真正做到并不简单。有些节目，听众不感兴趣，原因一是"汇"得不够，二是"汇"的不是"精华"。这就需要在资料收集方式、信息开掘方式、节目编排方式上不断加以改进，使广播节目的容量不断丰富多彩，以引起更多听众的收听兴趣。

世界上任何事物，都是与其他事物相比较而存在、相竞争而发展的。而在竞争中，又必须发挥自己的优势以立于不败之地。广播也概莫能外。在与其他新闻媒介竞争时，广播既要发挥自己的外延优势，更重要的是充分发挥自己的内涵优势。这是广播工作者努力的方向所在，也是广播电台的希望所在。

（本文原载于湖南《视听业务》1992 年第 11 期。收入《中国广播电视年鉴》1992—1993 年卷。）

转型期舆论引导的着力点

坚持正确的舆论导向，这是在社会主义条件下，新闻舆论宣传的重要职责。当前，我们正处在从传统的计划经济体制向社会主义市场经济体制转换时期，这就对舆论引导提出了新的要求。经济体制的转换，经济增长方式的变化，必然引起人们的社会生活方式及思想文化观念的变化。根据这些不断变化的新情况，如何坚持正确的舆论导向，就成为我们必须认真研究的重要课题。面临新的历史时期复杂的社会现象，我们的舆论宣传，应当侧重在以下四个方面，切实做好正确的引导工作。

一、要正确引导社会政策意识

党和国家在一定历史时期所制定的政策，是为实现一定历史时期政治、经济、文化目标所确定的社会行为准则。只有全社会成员自觉地遵守和执行这些行为准则，才能有效地保证一定的政治、经济、文化目标如期实现。这就需要不断地增强社会成员的政策意识，需要舆论宣传部门在这方面做好引导工作。

正确引导社会政策意识，归根到底是要引导社会成员正确认识和对待社会的全局利益和长远利益。一定的社会政策，实质上也是对一定的社会利益的调节和规范。尤其是在社会转型的历史时期，随着改革的深入和开放的扩大，党和国家的政策对社会利益起着更为突出的调节和规范作用。然而，这些政策的出发点和归宿，在于社会的全局利益和长远利益。在实行这些政策的过程中，为了维护和保证社会的全局利益和长远利益，有时就需要对某些局部利益和眼前利益作出调整。比如，对税制改革后新的税收政策的制定，对物价改革后某些农副产品价格的调整，就要求有关单位和消费者，必须以自己的局部利益和眼前利益服从于社会的全局利益和长远利益，以保证社会经济健康有序地向前发展，以获取更多的社会整体利益。因此，我们的舆论机构在宣传这些政策的同时，很重要的就是要引导社会有关成员，正确认识和理解这些政策与自己利益之间的关系。从而，增强政策意识，自觉地用这些政策来规范自己的行为。在保证全社会获得更好的整体利益的前提下，也使自己获得更多的应该得到的利益。

要做到正确引导社会政策意识，就要在舆论宣传中全面体现党和国家的政策。一个时期党和国家的政策，是根据这个时期的政治、经济和文化方面的实际情况制定的，是互相联系、互相照应、互相制约的。在舆论宣传中，对这些政策不可顾此失彼，不可厚此薄彼，更不可断章取义，而必须全面地、连续地体现这些政策。由于政策是利益的一种规范，在舆论宣传中很容易出现一种现象，就是为了顾及某方面的利益，而不恰当地把某一方面的政策强调过头。这种宣传过度，实质上是对社会政策意识的一种误导，是不利于全面地、稳妥地实行党和国家的政策的。所以，全面体现党和国家政策的基本精神，是正确引导社会政策意识的一门艺术。而宣传中把握适度，又是最关键的。

要引导好社会政策意识，很重要的，就是要切实提高编辑、记者、节目主持人的政策水平。近些年来，一些舆论机构比较重视编辑、记者、主持人业务水平的提高，因而节目、版面逐渐变得丰富多彩。但是，舆论宣传中有深度、有力度的报道和节目却并不多。重要的原因，就是有关业务人员的政策水平仍有待提高。缺乏思想深度和政策力度的报道和节目，是难以引导好社会政策意识的。因而，采取多种方式提高业务人员的政策水平，是一项不可忽视的重要工作。

二、要正确引导社会焦点视线

由于我们的社会正处在转型时期，社会的政治、经济、文化生活等方面经常有着各种变化和发展，这就必然会出现某些引人注目的社会焦点问题，吸引社会视线的集中。人们关注社会焦点问题，这是一种正常的社会心理现象。也正是考虑到这种社会心理状况，许多舆论机构，开办了有关社会焦点问题的专栏或专题节目。这些专栏或专题节目的开办，又反过来对社会焦点视线产生很大的影响。因此，正确引导好社会焦点视线，在社会转型时期尤为重要。

人们对某些社会焦点问题予以关注，往往或是出于利益心理，或是出于好奇心理。也就是说，这些焦点问题或是与人们的利益有关，或是有较强的新闻性。对于这些不能回避的社会焦点问题，新闻舆论应当本着求实、公正的原则，引导受众正确认识这些问题的本质所在。同时，还应本着慎重、积极的原则，引导受众正确认识这些问题的解决办法。比如，去年中央电视台和黑龙江电视台关于生猪屠宰市场的报道，既揭露了市场上存在的问题的实质，更突出了中央领导同志和政府部门对解决这方面问题的明确态度。使受众通过这组焦点问题的报道，不仅对生猪供应市场放心，而且增强了对政府的信任感。这就取得了比较好的舆论引导效果。

要正确引导社会焦点视线，还有很重要的一方面，就是舆论引导不能人为地随意"聚焦"。有的舆论宣传工具为了单纯追求可读性、可听性和可视性，对某些有复杂社会原因一时难以解决的问题盲目"聚焦"，结果只能助长某些社会消极情绪。还有的报道社会焦点的社会新闻时，盲目渲染某些情节和场面，结果只能助长某些受众的猎奇心理。这种随意"聚焦"，偏离了社会焦点问题的本质，也偏离了社会健康发展的必然要求，是不可取的。我们的"聚焦点"，应当放在社会发展的本质希望方面，放在党和政府领导人民群众克服困难、迎难而进的有效举措方面，放在模范典型人物的高风亮节方面。这样"聚焦"，才能说反映了社会时代的本质，才能说体现了舆论引导的眼力和能力，才能说积极履行了舆论引导的社会职责和历史职责。

三、要正确疏导社会郁结情绪

我们现在所处的改革、开放、发展的新的历史时期，既是社会转型的时期，也是社会各方面利益不断调整的时期。在这个时期，党和政府制定和实行的各项改革措施，总的来说，是为了更合理地理顺社会各方面的关系，更合理地配置好社会各方面的资源，更合理地发挥好社会各方面的积极性，从而更有效地促进社会生产力的发展，使国家更加富强。因此，这种利益调整，是从全局和长远来考虑的。但是，在这种调整过程中，某些局部利益和暂时利益就难免受到限制。同时，还会出现各种新的矛盾和问题。因此，也就难免出现某些社会郁结情绪。

要疏导好社会郁结情绪，最主要的，就是我们的舆论宣传，既要讲困难和问题，更要讲办法和希望。我们的国家，从旧的经济体制转向新的经济体制，从旧的经济增长方式转向新的增长方式，这中间出现一些矛盾和问题是不奇怪的。比如，社会风气、社会治安、社会分配等方面就存在一些不尽如人意的问题。这些问题就很容易导致人们产生某种郁结情绪。又比如，无论是全国范围实行现代企业制度某些企业面临暂时困难，还是某个局部兴建重点工程面临复杂的拆迁任务，由于涉及一些人的利益，这些人表现出一种郁结情绪，也都在情理之中。我们的舆论宣传，在实事求是地向社会讲清这些困难和问题的同时，更应当理直气壮地向人们讲明解决这些困难、问题的办法和希望。

社会的发展，是在解决困难和问题的过程中完成的。关键是需要有正确的办法，需要全社会的共同努力。只要人们把握了正确的办法，全社会都来共同努力，任何艰难困苦都是可以克服的，也才能最终化郁结情绪为进取动力，为社会的进步作出贡献。因此，这是舆论引导的出发点所在。

四、要正确引导社会模拟趋向

我们是在开放的状态下实行社会转型的。开放的社会，受世界现代文明的影响，经济生活和文化生活中的新事物迭出不穷，强烈地激发着人们的模拟能力和攀比愿望。追逐潮流，向往时尚，是人们从众喜新心理的突出表现。当然，追崇时尚，追崇现代文明，有利于促进社会发展。但是，一个社会对现代文明的模拟，尤其是对时尚的模拟，不能脱离本国的国情，不能没有健康的方向。因此，对社会模拟趋向的正确引导，就成为舆论引导的重要职责之一。

要正确引导社会模拟趋向，最根本的，还是要引导受众正确对待本民族的经济环境和文化传统。社会模拟，主要的还是物质消费和文化鉴赏方面的模拟。这两方面的模拟，都离不开本国本民族的经济环境和文化传统。我们的经济环境，是在实行了 30 年的计划经济体制后开始改革的。虽然有了很大变化，但从消费基准来说，还只是处在从温饱型向小康型过渡的时期。这就决定了我们必须继续励精图治、艰苦奋斗。我们的文化传统，是在经历了数千年的扬弃和继承后发展到今天的。虽然融合了某些优秀的海外文化，但是从鉴赏习惯方面来说，广大的民众还是对最具有"中国风格、中国气派"的民族特色的东西最感兴趣。这就决定了我们必须立足民族的土壤，来发展自己的文化事业。只有准确把握了经济环境和文化传统的这些基本要点，我们的舆论宣传在面临社会各种物质消费和文化鉴赏的热点、浪潮时，才不至于被时髦现象弄得眼花缭乱，以保持自己清醒的认识，从而坚持健康的引导方向。比如，关于"家庭轿车"和"快餐文化"的讨论，如果脱离了本民族的经济环境和文化传统，就很容易得出偏颇的结论，以致产生误导。所以，正确对待本国本民族的经济环境和文化传统，是正确引导社会模拟趋向的重要前提。

舆论宣传要正确引导社会模拟趋向，重要的是要在开放的过程中坚持倡导我们的民族精神。我们的社会越是开放，外来的优秀文化和先进技术对我们影响越大，我们越是要倡导自己的民族精神。这是因为，我们是在中国的土地上进行现代化建设的，也是在继承数千年的优秀民族精神遗产的基础上进行现代化建设的。因此，在我们的社会，任何对现代文明的模拟，对时尚的模拟，都不能离开自己的民族精神。否则，就会有悖于我们的国情，就会有违于我们的民族情感。比如，现在有些商业单位取名，就出现了两种走极端的倾向：一是盲目复古，动不动就是"皇家"、"太子"；二是盲目崇洋，照搬一个外国名称。这既反映了某些人文明知识的匮乏，更反映了他们身上民族精神的脆弱。对于这种不良的社会模拟趋向，我们的舆论宣传就不应随波逐流，更不应哗众取宠。而应当立足于弘扬自己的民族精神，加以正确引导。这样，才会有助于社会模拟趋向步入健康的轨道，才会有助于我们的现代化建设在开放的过程中坚持正确的方向。

（本文原载于《潇湘声屏》1996 年第 8 期。）

论舆论引导中的典型选择

坚持正确的舆论引导方向，离不开各种类型的新闻典型。但是，社会客观事物中的典型，并不都等于新闻典型。所有的新闻典型，也并不都能体现正确的舆论导向。因此，要坚持正确的舆论导向，就有一个正确选择新闻典型的问题。要做到正确选择新闻典型，从根本上说，还是要坚持马克思主义认识论的方法论，遵循新闻自身的内在规律。在这样的思想原则指导下，我认为要着重从五个方面，来把握新闻典型的选择。

一、典型的新闻性与导向性

新闻典型，从题材来看有典型人物、典型集体、典型事件，从主题来看有正面典型、负面典型，从选材来看有典型事迹、典型经验。能否及时抓住社会生活中有特色的典型并推介出去，这是一个新闻单位宣传战略高下之所在，也是其业务实力强弱之体现。没有典型的新闻宣传，只能说是一种浅显柔弱的宣传。因而，新闻离不开典型。然而，要成功地进行新闻典型宣传，首要的，就是要坚持新闻典型的新闻性和导向性的统一。

新闻典型的新闻性，主要是指这类典型能向受众提供较丰富的新闻信息和较高的新闻价值，因而能够引起大多数受众的关注，在受众中能产生较强的广泛影响。应当说，新闻典型所提供的信息越新鲜、越丰富，越能受到受众广泛注意，就越具有新闻性。比如，中央电视台关于长江三峡截流前后的报道以及截流当天的现场报道，就提供了极为新鲜、丰富的为受众充分关注的信息，因而具有很强的新闻性，所产生的社会影响也就十分重大。

新闻典型的导向性，主要是指这类典型能围绕一定时期社会政治、经济、文化建设的目标，创造出良好的新闻舆论环境，并使受众通过这类典型在实现这些社会目标的过程中增强信心、规范行为。这种导向，实质上也就是通过活生生的典型事实，以及融汇在这些典型事实中的新闻报道意图，来引导受众正确认识自己的利益、正确辨别是非、正确把握社会行为准则。这种引导作用，新闻典型比一般的新闻报道要强得多。所以，新闻要抓典型，不能仅从新闻性的角度来认识，更重要的是要从导向性的角度来认识。

坚持新闻典型的新闻性与导向性的统一，是把握正确的舆论引导方向的艺术方法所在。在现实生活中，新闻典型是不断涌现的，因而是客观存在的。但是，具有新闻性的新闻典型，并不一定具有鲜明的正确的导向性。这是因为，新闻性主要取决于客观的新闻事实，而导向性主要取决于主题、题材、角度的确定。因此，要做到新闻性和导向性的统一，最重要的，是要将新闻典型放在一定的时代背景下，审慎地准确地确定报道主题、选取报道角度、把握报道时机。这样，使新闻典型的报道，在给予受众丰富的信息量的同时，也对于受众产生思想和行为上的影响，从而取得较好的社会效益。焦裕禄、孔繁森等重大新闻典型人物的成功报道，除了典型自身的分量之外，无不还体现了报道者将典型的新闻性与导向性有机统一起来的艺术功力。

二、典型的个别性与一般性

马克思主义哲学认为，客观事物总是以个别形态而存在的。但是，这种个别形态，却又包含着一般的东西。个别一定与一般相连而存在，而一般只能通过个别而存在。个别性之中总是包含着一般性，特殊性之中总是包含着普遍性。因而，每一事物都是个别性和一般性、特殊性和普遍性的统一体。而新闻典型，则体现了个别性与一般性、特殊性与普遍性的高度统一。

运用个别性与一般性高度统一的哲学眼光，来选择新闻典型，对于准确发现和深刻认识新闻典型至关重要。在援藏工作中，有很多同志都做出了不少成绩，而为什么孔繁森成了典型？在湘西扶贫过程中，也有很多同志做了大量工作，而为什么彭楚政成了典型？这是因为，与其他同志相比，在孔繁森、彭楚政身上，其事迹的个别性即特殊性与其意义的一般性即普遍性，达到了高度的统一。他们的事迹所体现的个别性，更为独特，更为鲜明；他们的意义所概括的一般性，更为深刻，更为广泛。典型，因为在同类事物中极具代表性，是通过个别来达到个别和一般的高度统一的。我们选择新闻典型，目的是通过宣传其事迹的个别性，而使其具有一般意义的思想、精神及经验性做法，在社会上产生深刻而广泛的影响，从而促进社会的发展。所以，选择新闻典型，必须着眼于其个别性与一般性的高度统一。这样，才能有效地发挥好新闻典型在舆论引导中的导向作用。

要把握好典型的个别性和一般性的高度统一，必须防止两种倾向：一种是只重视典型的个别性，而忽视其一般性。一种是只重视典型的一般性，而忽视其个别性。前一种做法，只注重罗列典型突出的个别事实，而没有研究其是否具有普遍意义。因而所罗列的事实尽管特殊，却往往不近常理，使受众难以接受。后一种做法，为了突出典型的普遍意义，夸大其词，而忽视事实的开掘以及细节的真实。因而难免拔高典型，同样使受众难以接受。这两种倾向，对新闻典型只能造成损害，也难以达到好的宣传效果。克服这两种倾向，最重要的，是应全面掌握事实，正确提炼主题。只有全面掌握了事实，才能准确地把握典型的个别性；只有正确提炼了主题，才能恰当地展示典型的一般性。

新闻典型的个别性与一般性的高度统一，立足于事实的真实。在这一点上，新闻典型与艺术典型有着根本的区别。同样，成功的艺术典型，也体现了个别性与一般性的高度统一，但其立足点是艺术的真实，其典型的塑造是靠艺术概括。艺术家可以将那些充分体现一般的个别现象加以集中概括，塑造出生动鲜明的典型形象。而对于新闻典型来说，则不能概括他人的个别事实。而只能通过新闻工作者，将那些与典型密切相关的个别事实充分开掘提炼，从中寻找出一般的东西，从而向受众推介出既生动又真实可信的典型。

三、典型的内在性与表象性

新闻典型作为客观存在的事物，与其他各类事物一样，首先是以某种现象展现在人们眼前的。新闻工作者对新闻典型的认识，也是从某种现象开始的。如何透过现象认清本质，即透过新闻典型的表象性来揭示其内在性，这是准确选择新闻典型的又一关键所在。

新闻典型的内在性，从哲学意义上讲，是指新闻典型内在的本质联系。这种典型，虽然作为个别而存在，但却是对社会生活的全部总和及其内在联系的审美反映，体现了社会生活发展的必然性。每一类新闻典型，都有其不同的表象性。而其内在性，总是与社会生活发展的历史必然紧密相连，无不体现时代的烙印。透过其表象性，认识其内在性，往往需要一个过程。比如，对老的新闻典型雷锋、焦裕禄的认识，以及对改革开放初期湖北农民杨小运买名牌单车这类典型新闻事件的认识，刚开始有关方面就只停留在其表象性上。随着认识的不断深化，才逐步抓住了其与时代紧密联系的本质特征。今天，我们的社会在不断深化改革扩大开放，处在全面向社会主义市场经济体制过渡的转型时期。在这样的时代背景条件下，我们选择新闻典型时，就应当对其本质特征，作深入的研究分析。从而，透过表象，准确揭示其与社会生活发展的必然紧密相连的内在性。比如，对华西村的认识，对张家港市的认识，对回乡大学生李常水的认识，莫不是如此。

透过新闻典型的表象性，准确认识和把握其内在性，目的是为了追求新闻典型表象性与内在性真正的一致，以产生更强的说服力和影响力，从而发挥其正确的舆论引导作用。李常水大学毕业后，辞去公职当农民。这只是一种表象。透过这种表象，我们可以认为，李常水回乡，是为了在艰苦的农村环境中锻炼自己；也可以认为，他作为知识分子的一员，对家乡、对农村，有着一种很深的眷念感情。但这样，并没有真正认识李常水这个典型的内在性。只有通过深入采访，将李常水全部事迹的内在本质联系进行综合分析，并把这个典型放在建立市场经济体制时代背景下来考察，就可以发现：李常水回乡后，坚持用科技知识，组织家乡农民踏向市场经济之路。这就是李常水这个典型的真正内在性。把握了这种内在性，与他回乡的表象性，才达到了真正的一致。从而，也才能使这个典型的说服力和感召力，具有鲜明的时代特征。

四、典型的正面性与负面性

我们所选择的新闻典型，包括正面典型和负面典型。无论是选择何种典型，都是为了揭示和帮助人们认识社会生活发展的历史必然。正面典型，是向社会提供顺应这种必然的榜样和经验。负面典型，是向社会提供顺应这种必然的教训和借鉴。社会生活，总是在正确与错误、先进与落后、科学与愚昧、正义与邪恶的比较和斗争中而存在、而发展的。新闻宣传无论是选择正面典型还是负面典型，都是为了从不同的角度，反映这种存在和发展的历史必然。所以，我们常说的坚持正面宣传，应当既包括了对正面典型的选择，也包括了对负面典型的选择，这才是对正面宣传准确和完整的理解。同时，用唯物辩证法的方法论看问题，无论是何种典型，自身也包含着正面性与负面性这样两种属性。为了坚持正确的舆论引导，在新闻典型的正面性和负面性问题上，最重要的，是要在新闻宣传的实际操作中，尽量准确地把握好以下两点：

一是避免正面典型的负面效应。一般来说，典型是同类事物中的突出代表。然而，典型是以个别事物的状态在一定条件下存在的，同时也有一个形成、发展的过程。因而，作为正面典型，也不可能是完美无缺的。从哲学上讲，也就是任何一般只是大致地包括了一切个别事物，任何个别事物都不能完全地包括在一般之中。我们在宣传正面的新闻典型时，应当努力选取最具有一般意义的某一突出方面。但是，必须立足于反映典型自身本质真实的事实。在这里，尤其要注意的是，不可抓住个别事实，贬其过去褒其现在，贬低他人褒扬典型，贬彼方面褒此方面。比如，有条新闻介绍一位村支书的事迹，说他带领村民修公路而不顾给患眼病的孩子治病，结果公路修好了，孩子却双目失明。这样的宣传，就难免产生负面效应。孩子治病与村里修路，不是绝对对立的。村里修路，不等于绝对不能给孩子治病。二者之间没有本质的必然联系，因而不具备一般的意义。所以，我们在宣传正面典型时，要努力选取反映典型本质的具有内在联系的事实。这样，才能尽量避免产生某些不良的负面效应。

二是突出负面典型的正面作用。新闻宣传涉及某些负面典型，目的是为了从事物的反面来认识社会生活的必然。对错误的、落后的、愚昧的和邪恶的东西予以揭露和评论，是为了帮助人们认识和把握什么是正确的、先进的、科学的和正义的东西。新闻舆论揭露出某些负面典型，目的是为了给社会和人们提供一种警示作用、教训作用和借鉴作用。这实际上，也是从反面所起的一种正面作用。比如，中央电视台《焦点访谈》节目，曾播出了关于安徽省淮河流域某些造纸厂对环境污染的述评、关于河南省郑州市原公安人员张金柱事件的述评、关于湖南省南县牧鹿湖乡法庭办假案的述评等。这些节目，通过对负面典型的揭露和评论，最终昭示了这样的真理：法律的尊严不可亵渎，人民的利益不可损害。这些负面典型与正面典型相比，殊途同归，突出了其正面作用：反映了社会生活的必然。而有些地方的新闻宣传，在涉及某些负面典型尤其是典型案件时，往往游离了对这种必然的反映，过分地渲染某些情节，刻画某些场面，描绘某些手段。这就不仅没有突出其正面作用，而且传播了其负面的消极影响，难免出现舆论引导的偏差。这种偏差出现的根源，就在于没有反映负面典型的本质，甚至违背了社会生活的必然。

五、典型的现实性与历史性

新闻典型与其他事物一样，是在特定的时空条件下形成、存在和发展的。作为同类事物中的突出代表，以其鲜明的某一方面的特征，在向社会提供较高新闻价值的同时，也向社会展示一种榜样和借鉴的作用，这就构成了典型的现实性。无论是何种新闻典型，都只是作为一个历史过程而存在。当这个历史过程完结之后，其典型意义仍然能在今后相当长的历史时期中起作用，这就构成了典型的历史性。新闻典型的现实性与历史性，又是可以转化的。即对于今后的社会来说，今天的现实性将转化为今后的历史性，今天的历史性将转化为今后的现实性。

从舆论引导的要求来看，新闻宣传应当努力追求新闻典型的现实性与历史性的统一。如果只有现实性而缺乏历史性，或者对于今后的社会来说只有历史性而缺乏现实性，就不能说是一个完全成功的典型。要达到这种统一并不容易。既需要新闻典型自身的成熟，也需要新闻工作者具有较强的开掘和提炼的艺术功底。而只有达到了这种统一，才能向社会提供真正意义上的影响力很强的新闻典型。也才能通过这样的典型，发挥好舆论引导的作用。比如，从雷锋到徐虎，从焦裕禄到孔繁森，从邢燕子到李常水，由于这些典型的现实性和历史性达到了高度的统一，他们的事迹和精神所产生的社会意义，不仅影响到当代人，而且将长期影响今后数代人。

也正因为新闻典型是在特定的社会环境中形成的，在具有各自的现实性和历史性的同时，也形成了各自的历史局限性。哲学眼光中的典型，只是一种突出，不是一种完美。因此，我们在选择和宣传典型时，就必须要留有余地，不能刻意追求完美。另外，在不同的社会时代条件下，人们对新闻典型认识和评价的角度也不同。我们在选择和宣传典型时，要尽量做到从具体的事实中突出其最本质的东西，并要让人们认清典型与社会环境的关系。这样，才会比较符合典型形成、生存和发展的内在规律，也才能增强典型的可信度和说服力。从而，使新闻典型在舆论引导的过程中，实实在在地发挥好正确导向的作用。

（本文原载于《潇湘声屏》1998 年第 2 期、《中国广播电视学刊》1999 年第 2 期。获湖南省第六届广播电视学术论文评选一等奖。）

论舆论引导中的情感传导

要做到舆论导向正确，毫无疑问，必须准确地、及时地、完整地宣传党的路线、方针和政策，必须无条件地宣传和服从党和政府工作的大局。然而，我们的广播电视舆论宣传，是通过给人看、给人听来实现的。要使我们的舆论宣传引人入胜、催人感奋，很重要的一个方面，就是要使舆论宣传饱含强烈的情感色彩。中央电视台播出的文献纪录片《邓小平》之所以反响强烈，湖南电视台播出的《情系三湘》文艺晚会之所以使人难以忘怀，除了主题思想鲜明外，很重要的还在于其中有着强烈的情感震撼力，在受众中产生了强烈的情感共鸣。因此，要取得舆论导向的更佳效果，作为新闻舆论工作者，不能不重视情感传导的作用，不能不研究情感传导的艺术。

一、舆论引导中情感传导的社会效能

舆论引导要坚持正确的方向，从实质上来说，是我们国家和民族的根本利益所决定的。当前，在政治上保持团结稳定的局面，在经济上顺利地向社会主义市场经济体制过渡，从而不断推进建设有中国特色社会主义事业的发展，是我们国家和民族的根本利益所在。舆论导向是否正确，也就在于我们的舆论宣传是否维护了这个根本利益。也正是基于这个大前提，我们还必须看到，在今天的社会，人民群众在共同的根本利益的基础上，还有社会交际和友谊互助的需要、自觉遵守社会行为准则的需要、对文化和精神生活的需要。与这些高级的社会性需要紧密相连的，就是人们共同的社会情感。因此，我们要坚持正确的舆论引导，就要在这种引导中坚持正确的情感传导。

情感，是人对客观事物和对象的态度体验。喜与怒，乐与忧，爱与恨，都是一种态度体验。而我们所说的舆论引导中的情感，不是指社会上某个人喜怒哀乐的情绪表露，也不是指新闻宣传工作者某个人一时激动或忧郁的情绪状态，而是指全社会已经形成的那种持久的、稳定的、反映本质需求关系的态度体验。比如，维护国家利益的爱国的民族自尊感，互相帮助的集体主义的友谊感，崇尚英雄争当先进的荣誉感，等等。这样的情感，实质上是建立在共同的社会根本利益基础上的道德感、美感、理智感的主要内容。这是全社会共同拥有的积极向上的、在一定历史时期都起作用的社会高级情感。舆论引导中的情感传导，就是通过我们的新闻宣传，通过具体的版面和节目，使受众产生这种情感上的共鸣，从而达到感染、激励、鼓舞受众的社会效果。

舆论引导中的情感传导，通过感染、激励的方式去打动受众，所力求的是三个方面的社会效能，这就是：升华社会道德，调适社会心境，端正社会行为。我们的社会，在朝着共同目标和共同理想前进的过程中，尤其是今天随着改革的深化和开放的扩大，面临市场经济大潮的冲击，人们的各方面利益将不断调整。特别是某些企业在经济转体过程中的困难和难以预料的重大自然灾害，更使某些人一时陷入一种利益困惑。在这样的社会条件下，人们的道德观念发生一些变化，社会心境呈现复杂局面，社会行为出现某些迷惘，都不足为怪。对这些现象加以正确引导，正是新闻舆论宣传的重要责任所在。而在引导中，注重向受众传导那种积极向上的社会高级情感，往往能取得显而易见的社会效果。湖南经济电视台播出的专题片《人生如歌》，通过对当年下放江永县的长沙知青的调查采访，突出了情操这根主线，每个镜头都浸透着社会的情感。因而，使受众在心灵上与一首时代的壮歌共鸣。无论是采访对象，还是受众，都得到了一次社会道德的升华。湖南电视台直播的《情系三湘》文艺晚会，由于加大了情感传导的力度，其意义远远超出了赈灾的初衷。晚会所产生的强烈的情感震撼力，激励着人们风雨同舟，以国家和民族的利益为重，去战胜前进道路上的艰难险阻。因而，晚会在更广阔的背景上，陶冶了社会情操，调适了社会心境，端正了社会行为。

二、舆论引导中情感传导的艺术方法

社会心理学认为，人们的情感具有两极性品质，主要表现为肯定性与否定性、增力性与减力性。肯定性品质使人愉悦振奋，否定性品质使人郁闷低落；增力性品质使人积极进取，减力性品质使人消极颓唐。我们在新闻舆论宣传中向受众传导的情感，应当体现出其肯定性品质和增力性品质。这种品质在受众中达到的效果，主要是通过感染、催化的方式来实现的。因此，舆论引导中所体现的情感传导，不同于一般的思想教育工作，更有别于那种简单枯燥的政治说教。这种情感传导，是舆论宣传工作者与受众之间精神上的沟通、心灵上的感应、意念上的融合。这里，就有着重要的情感传导的艺术方法问题。从情感过程的层次来看，对于情感传导的艺术方法，应当着重从三个方面来掌握：

选准切入点，"润物细无声"。这是其一。新闻舆论宣传中向受众传导的情感，可以通过多种方式来表达。比如，新闻人物的形象刻画，新闻事件的细节描写，广播节目现场音响的选取，电视节目镜头语言的袒露，节目主持人的内心感怀，等等。然而，确定什么样的细节、什么样的镜头，就与是否选准情感传导的切入点密切相关。人们情感的产生，一般来说，是从对事物细节的感受开始的。因此，情感传导的切入点是否选择准确，关键在于受众对传导的细节能否迅速感受到一种情怀。电视文献纪录片《邓小平》第五集中，有一段关于"文革"期间邓小平夫妇在江西生活的描述。邓小平夫妇在江西生活了三年，要描述的事件和情节很多。而编导只着意对"邓小平小道"和"邓小平晕倒劳动车间，工人送来糖开水并用拖拉机将邓小平送回住处"这两处细节作为切入点，潜移默化，向观众传导了一种质朴而深厚的情感。当观众看到屏幕上那坎坷不平的"邓小平小道"和饱经风霜的拖拉机，不禁心中油然产生一种情怀：邓小平可敬！中国工人阶级可敬！

把握动情点，"潮来天地青"。这是其二。新闻舆论宣传通过某些情节使受众感受到一种情怀，受众往往将这些情节连接起来，使被感染的情感更为丰富，也就使自己的情感升华到新的高度。这些情节所体现的情感内涵的连接点，也就是情感传导的动情点。舆论宣传工作者把握好这个动情点，是取得情感传导效果的重要环节所在。湖南电视台《情系三湘》文艺晚会中，当主持人徐俐讲述到烈士陶维的父母一手接过儿子牺牲通知书，一手向灾区人民捐献一千元钱时，已泪流满面。这时，四百名官兵起立敬礼，宋祖英泣颂一曲《英雄》。烈士父母的形象、官兵的军礼、宋祖英的颂歌，三种场面，三个情节，密切融汇在一起，顿时形成了情感传导的激越的动情点——英雄的辉煌，将观众心胸中的情感浪潮推向了极致。如果三种场面和情节或缺任何一个，都势必影响对动情点的把握。而这里的成功，恰恰说明策划、编导者牢牢把握住了不同情节的内涵连接点。

突出震撼点，"诗成泣鬼神"。这是其三。新闻舆论引导中的情感传导，所努力追求的最佳效果，应当是强烈的情感震撼力对人们心灵的撞击。可以说，这种震撼，是一个时代、一个民族的高级情感，对受众个人情操、品格的一种锻造。这里至关重要的，就是在舆论引导中激发起了受众的情感之后，要努力突出情感震撼点。这种突出，需要编导者的精心策划构思，却又不允许有丝毫的矫揉造作。情感震撼点的突出，既是编导者情感传导艺术的体现，又必须合乎受众情感过程发展的规律。电视文献纪录片《邓小平》第十一集中，邓小平会见李嘉诚时说了这样一段话："我活到1997年，就是要在中国收回香港之后，到香港自己的土地上走一走，看一看。"邓小平逝世后的第二天晚上，中央电视台将这个片断再次播出：先是邓小平满怀激情地对李嘉诚说这段话。接下来是香港全景，邓小平的这段经过技术制作的录音连续播放两次。顿时，观众所感受到的是，邓小平的声音不仅在香港上空震荡，而且在整个中国上空回响。邓小平维护祖国统一、维护民族尊严的情感，在强烈地撞击着每个中国人的心扉。此刻，多少观众怆然而涕下！观众也切切实实感受到了那惊天地、泣鬼神的民族情感的震撼力。

三、舆论引导中情感传导的主体要求

新闻舆论宣传中情感的传导，不是通过灌输来实现的，而是通过感染、催化来完成的。这种情感，不是从事新闻舆论宣传工作的某个人一时的心情激动，而是作为党、政府和人民的喉舌对于一定时期全社会态度体验的反映。我们重视舆论引导中的情感传导，这是因为今天的社会，需要共同的健康积极的对客观事物的态度体验。做好这方面的工作，又对新闻舆论宣传工作者提出了严格的主体要求。从传导效果的角度来看，主要是：

要求之一，要寓社会责任感于职业道德感之中。新闻舆论宣传工作者立足本职岗位，遵守宣传纪律，搞好日常宣传，坚持把社会效益摆在第一位，这是职业道德的起码要求。但是，要向受众提供在情感传导方面产生强大震撼力的精品力作，必须还要有强烈的社会责任感，或者说要努力将社会责任感寓于自己的职业道德感。有了强烈的社会责任感的融入，职业道德感才会上升到崭新的理性阶段，才会寻找到那种集社会性、历史性、民族性相统一的情感，并且自觉地用这种情感首先震撼自己，然后震撼受众。湖南电视台能在那么短的时间里，推出具有强烈情感震撼力的《情系三湘》文艺晚会，根本的原因，还是在于晚会策划者、编导者带着义不容辞的社会责任感，准确触摸到了时代情感的脉搏，而将一台赈灾文艺晚会嬗变成了"爱的大纛，情的丰碑"。

要求之二，要寓美感于激情之中。舆论引导中的情感传导，要取得理想的效果，根源于舆论宣传工作者的激情。没有激情的迸发，就无从可谈情感传导。但是，这种激情不是偶发的、冲动的和应酬式的，而是内心流露的、社会需要的、充满友谊的，即这种激情中融入了美感。任何激情，如果缺少了美感，尽管再猛烈，也只是浮泛、粗俗的激情。因此，将美感寓于激情，对于我们的编辑、制片人、节目主持人来说，是情感传导过程中必不可少的主体条件。有的新闻报道，有的专栏节目，为什么在受众中难以产生正面反响，甚至有的还带来负面效应？重要的原因，不是我们的编辑、制片人、节目主持人缺少激情，而是缺少美感。所以，只有在舆论

宣传工作者的心灵深处，首先将美感与激情和谐地统一起来，才能更好地取得情感传导的效果。《情系三湘》文艺晚会中的舞蹈《战洪图》能让许多观众落泪，湖南电视台的专题片《搬家》中的一对老年知识分子形象能让许多观众动情，很重要的，就是因为编导者首先在自己的内心深处把握住了美感与激情的和谐统一。

要求之三，要寓情感倾向于事实真实之中。如果说一个版面、一组节目也是主体，那么编导者总是力图从主体上向受众传导一种情感倾向，总是力图达到以情感人、以理服人的效果。但是，有的编导者在实际工作中却又很难如意，主要的原因，是没有把握好情感倾向与事实真实之间的逻辑联系。以情感人、以理服人不能离开事实。然而，这些事实不是零散的、孤立的、随意拈来的，而是有着内在联系的、具有哲学上普遍意义的、精心选择的。只有根源于这样的具有本质真实的事实，才能展示一种情怀，诠释一种道理。电视文献纪录片《邓小平》十二集，每一集都引人入胜，最重要的，就是几乎通篇都用事实说话。而这些事实之间，都有着一种内在的本质的必然联系。观众也正是通过这些生动的内在联系紧密的事实，既从情感上也从理性上，领悟到了邓小平所说的"我是中国人民的儿子，我深情地爱着我的祖国和人民"这句话的深刻内涵。而这正是编导者贯穿全片的情感传导的初衷所在。《情系三湘》文艺晚会，所呈现在观众面前的灾区儿童的恸情、杨继汉烈士的悲壮、烈士陶维父母的高尚，这些生动的事实，使观众很容易感受到其中所包容的情感和理性。生动的事实包容着浓郁的情感，浓郁的情感又包容着深刻的理性。策划者、编导者正是从主体要求上，紧紧把握住了这其中的逻辑联系，而取得了情感传导的极大成功。

（本文原载于《潇湘声屏》1997 年第 3 期、江西《声屏世界》1997 年第 5 期。收入《中国新闻年鉴》1998 年卷、《中国广播电视年鉴》1998 年卷。）

论电视新闻评论的画面选择

电视新闻评论和报刊、广播评论一样，必须具备论点、论据、论证三大要素。这三大要素融于电视画面、评说之中，形成电视新闻评论的特点。作为形象性很强的电视画面，是电视新闻评论的基础。离开了画面，电视新闻评论就无从谈起。因此，围绕评论的三大要素讲求画面选择，是电视新闻评论重要的艺术方法所在。

画面与论点

评论的论点，要求准确、鲜明。论点的准确性主要表现在：符合一定时期人民群众的利益，符合一定时期党的路线、方针和政策，符合客观事物的社会历史发展规律。论点的鲜明性主要表现在：对某种事物、某种思想、某种问题的态度，是提倡还是反对。电视新闻评论论点的提出，无疑是通过评说即声音对受众的听觉发生作用而实现的。但是，这种评说的声音又离不开画面，即离不开视觉形象的依托。通常来看，依托电视画面阐述论点时，画面选择的方法有：

以人物画面提出论点。主持人直接发议论，鲜明地提出论点。这是主持人直接面对观众的画面。这种画面能使观众产生一种对话式的接近感，仿佛面对面地共同探讨某个问题。另外，通过主持人对普通群众、政府官员、理论权威人士的访谈提出论点。被访者要有代表性或权威性，能引人注目，其言论能表明论点。但是要注意的是，作为电视新闻评论的论点，体现舆论工具的导向。因此，不能将被访者的某些观点视为论点。有的观点只是特定的判断，反映被访者自己的看法，不能等同论点。这需要主持人恰当地准确地予以把握。

以典型画面引出论点。即用最重要的情节画面，使观众为之所动，引出主持人和观众共鸣的话题。通过具有典型意义的画面，和盘托出话题的论点。湖南电视台《新闻观察》节目，常采用这种方式。如关于发展湖南旅游事业和关于教育方法改革的两组话题，节目开头分别是采访中外游客、旅游部门负责人的典型画面和从 83 岁老人到 13 岁学生谈教育方法的典型画面，然后引出主持人所要谈的论点。由于开头的画面选择恰当，颇能引起观众的关切。后面论点的引出，也就顺理成章了。

以寓意画面推出论点。即画面具有象征意义，能引发观众思考、想象。在观众关注、思考之时，主持人及时推出论点。如中央电视台《焦点访谈》节目在谈论"俄军进入车臣"这个话题时，节目中有一组这样的镜头：一名手执绿色车臣国旗的少年，在示威游行队伍中不停穿梭。其瘦小的个头在人群中时隐时现，而绿色国旗却在队伍上空飘扬。这组寓意深刻的画面，既强烈地引发观众去想象去思考，又恰到好处地为主持人推出论点作了具有象征意义的铺垫。

以典型画面引出论点和以寓意画面推出论点，充分展示了电视新闻评论的长处。以视觉形象作依托，能使观众更明确地接受和把握评论的论点。这是报刊评论和广播评论所无法企及的。而且，这些画面选择的方法，不仅适用总论点的阐述，也适用小论点的分层次提出。当然，要根据论点所涉及问题的不同以及切题的需要，来适当地选择好画面。

画面与论据

评论的论据要求典型、生动。论据的典型性主要表现在：要反映事物的本质，反映问题的要害。论据的生动性主要表现在：事实依据新鲜形象，能以小见大、触类旁通。电视画面作为论据，比较其他文字性论据，因为具有形象性、直观性，因而更能透彻地、可信地证明论点。选择作为论据的画面，除了要典型、真实、生动之外，从电视特色来看，还应把握几点：

一是要根据论点的需要，选择作为论据的空镜头画面、同期声画面、字幕画面。在这里，围绕论点的需要来选择，是极为重要的。有的空镜头画面、同期声画面、字幕画面，单从画面来看有新闻性。但是用作新闻评论的论据，则与论点相去甚远，缺乏说明或证明论点的作用。如果选择不当，用了这样的画面，看起来似乎热热闹闹，但是作为论据起不到应起的作用，就会使论点显得苍白无力，或者论据与论点相游离，使观众不得要领。

二是要恰到好处地运用细节画面。细节画面，是用特写的手法，对真实的事实一种概括性的展示。电视新闻专题中真实事实的细节画面，能在情感上感染观众；电视新闻评论中真实事实的细节画面，则能生动地在情理上说服观众。当然，真实事实的细节画面用作论据时，重要的还在于这些细节画面必须要有典型意义即概括意义。中央电视台《焦点访谈》节目1997年10月2日播出的《乡镇的魅力》中，有这样一组细节画面：广东顺德市北滘镇派出所长翻开转户口的名册，念出了一串从北京、天津、武汉转户口到北滘镇里的科技人员的名单。为什么这些人要将自己的户口从大城市转到农村乡镇？主持人推出了论点：现代工业的发展，大大缩小了经济发达地区的城乡差别，一些乡镇甚至比大城市更有吸引力。所以，这种有概括性的典型细节画面，作为论据，对观众接受某一论点具有极强的说服力。

三是要将画面的"述"与解说的"评"有机结合。解说的"评"主要是阐述论点，画面的"述"则主要是展示论据。作为新闻评论，当然离不开概念、判断。正确的判断，是说明论点必不可少的论据。一般来说，电视画面的"述"，是对判断式论据的一种展示。作为判断式论据的画面，应围绕论点来"述"。作为立论或驳论的解说，应结合论据来"评"。要寻求二者之间的统一，不能以判断取代论题，更不可"述"和"评"相互脱节。前不久，一家电视台播出了一组关于大连市精神文明建设的新闻评论性节目。主持人解说的"评"，是大连市精神文明建设的话题。而画面的"述"，则大量是大连市服装节的镜头。当然，服装节也反映了大连市精神文明建设的某些侧面。但是，仅用这类镜头，回答不了观众关心的大连市精神文明建设的有关问题。作为展示论据的画面的"述"，与阐述论点的解说的"评"，没有做到有机结合，甚至脱节。这就使观众感觉话题没有说清。因此，画面的"述"，必须紧扣解说的"评"。这样，也才能更好地发挥作为论据的画面的作用。

画面与论证

评论的论证，要求严密、完整。论证的严密性主要表现在：按照论点与论据之间的逻辑关系，恰当地用论据来证实论点，使论点无懈可击。论证的完整性主要表现在：既合乎形式逻辑，又合乎辩证逻辑，能全面反映事物的本质及发展的客观规律，避免片面性。电视新闻评论作为形象性政论，既有评论的特点，还有新闻和形象的特点。那么，在编辑组合论证过程的电视画面时，就应既体现逻辑思维的要求，也体现形象思维的要求。其画面选择应注意以下几点：

要讲求立意的层次性与情节的连贯性的统一。电视新闻评论要成其为评论，主要在于讲道理，这就要有立意的层次性。然而，电视新闻评论的说理，离不开新闻事实。客观存在的新闻事实是有情节的。而这些情节又是按新闻事实发展的时间顺序或空间顺序排列组合的。在论证过程中，这就需要将立意的层次性与情节的连贯性统一起来。立意的层次性，大致可分为递进剥笋式和多视角蒜瓣式，也可称为分论题或小论点。围绕小论点编辑组合的作为论据的画面，应从纵向或横向考虑情节的连贯性，使论据在论证中增强说服力。中央电视台《焦点访谈》节目播出的《乡镇的魅力》，中心论点是"现代工业的发展，缩小了城乡差别，也带来了人们城乡观念的变化"。其中小论点分了几个层次：现代工业为人才发展带来机遇、现代工业改变了人们的工作和生活环境、现代工业使人们的观念发生了很大变化。围绕这几个层次，记者分别采访了从北京、武汉、广州等地来顺德市北滘镇落户的人员。他们先后谈了为什么转户口到北滘镇来，到北滘镇后的工作状况，表示下一代大学毕业生仍要留在北滘镇当"农民"。这就在情节上很有连贯性。将这些情节性画面作为论据来论证论点，确实能使观众从中感悟到一些新的东西。

要讲求论辩的确定性与手法的灵活性的统一。在论证过程中，要求对于命题、论据，都要有确定性，以进行正确的判断和推理，得出正确的结论。而对于同一命题，可有多种论证方式。在将形象性的概念、判断作为画面论据来论证时，其编辑组合则可有手法上蒙太奇的灵活性。只有将这种论辩的确定性与手法的灵活性统一起来，电视新闻评论才会真正具有自己的特色。当然，手法的灵活性要与论证方式相协调，即根据不同的论证要求选择不同的手法。比如，从正反两方面论证某一论点，可用对比式蒙太奇。湖南醴陵电视台播出的《一墙之隔隔什么？——从两个厂的兴与衰看名牌的威力》，运用这种手法就很有说服力。另外，还有强调论证某一论点，可用复现式蒙太奇。如湖南有线电视台《流动记者站》节目关于城市文明的述评。还有多角度论证某一论点，可用平行式蒙太奇或交叉式蒙太奇。如湖南电视台《3·15 广角》节目播出的《是是非非话传销》，等等。这样，在命题、论据确定的要求下，灵活采用恰当的手法，选择好论据画面，以期达到最佳的论证效果。

要讲求逻辑的严密性与风格的多样性的统一。评论的论证，离不开概念、判断、推理，必须遵守严密的逻辑规则。电视新闻评论运用形象性的概念、判断，来进行推理，进行论证，同样必须讲求逻辑的严密性。电视新闻评论因为有形象性的特点，所以在论证的语言风格上，在论据画面表现的风格上，又应当提倡多样性。即用多样化的风格，来表现各种具有同样严密逻辑性的论辩话题。中央电视台《焦点访谈》节目所确定的命题，涉及各行各业，论证时都有着较严密的逻辑性。而不同的记者，却又有着不同的表现风格。如水均益持重练达，不卑不亢，表现出一种气势恢宏的风格；白岩松谈锋犀利，机敏灵活，表现出一种淋漓畅达的风格；而敬一丹则是胸有成竹，娓娓道来，在风格上表现出精深隽永的特色。这种论辩逻辑的严密性与论证风格的多样性的统一，可以更好地开掘电视新闻评论画面的表现潜力，更好地发挥形象性政论的作用。

（本文原载于《潇湘声屏》1997 年第 11 期、江西《声屏世界》1998 年第 1 期。）

论时尚传播的差异性

时尚，是人们根据自身的物质和精神的需要，在一定时期相互影响的一种社会集合行为。我们的社会要向前发展，当然离不开时尚传播。尤其是随着改革的深入和开放的扩大，时尚传播越来越引起人们的密切关注，越来越引发人们的需求兴趣。广播电视作为现代化传播工具，有关时尚传播的节目越来越丰富多彩，对时尚传播有着鲜明的导向，有的则起着某种推波助澜的作用。但是，新生的东西并不都是时尚的标志，流行的东西也并不都体现人们时尚的需求。这是因为，不同的社会和时代，不同的经济环境，不同的心理状态，乃至不同的地域，人们对时尚的认识和对时尚的需求，都有很大的差别。这就体现着时尚传播的差异性。我们的广播电视，要在时尚传播中坚持正确的舆论导向，要在社会生活中帮助人们正确认识和对待时尚需求，就要认真研究时尚传播的差异性问题。也只有弄清了并把握住了这种差异性，才能在时尚传播中更好地担负起自己的职责，发挥好广播电视的作用。

一、从开放差异看时尚传播

一个开放的社会，不能没有时尚传播。也只有在开放的社会，时尚传播才能发挥其促进社会发展的作用。但是，一个社会的开放内容，既受其历史演变过程的制约，更受其社会制度的限制。这也就是说，一个社会所处的历史时代及其所实行的社会制度，将决定这个社会开放的主要内容，从而形成不同社会开放内容的差异性。这种差异性，必然对不同社会的时尚传播产生不同的时代影响，提出不同的要求。这是用历史唯物主义的观点，来认识时尚传播问题所得出的结论。

不同历史时代社会开放内容的差异性，对时尚传播提出的要求主要在于两方面：一是时尚传播要与社会经济发展的开放状态合拍；二是时尚传播要促使社会思想、文化、道德的开放状态朝着正确的历史方向演进。当前，我们的社会正处在社会主义初级阶段，正在逐步建立社会主义市场经济体制。今天的社会，与几十年前实行计划经济的社会相比，已经全面对外开放。这种开放的目的，从根本上来说，是为了促进社会主义市场经济的发展。因此，社会时尚的传播，就必须与社会主义市场经济的发展状态合拍，对这种发展有利。或者说，社会时尚的传播，既要帮助人们改变某些在旧的经济体制下形成的过时的需求方式和思想观念，又不能超越时代开放的要求脱离实际地盲目追求时髦。所以，社会时尚传播的另一重要任务，就是使社会思想、文化、道德的开放状态，适应社会主义市场经济的发展状态，朝着正确的历史方向演进。这是不同时代的开放差异，对时尚传播提出的基本要求。广播电视作为社会时尚传播的影响极大的现代化工具，把握好时代开放的差异特点，明确这种基本要求，是在时尚传播中坚持正确导向的基本立足点和出发点所在。

我们还必须看到，不同社会制度所形成的开放内容的差异，也对时尚传播提出了不同的要求。不同的社会制度，建立在不同的经济基础之上。经济基础不同，决定对外开放的差异。社会主义制度下的对外开放，当然有着不同于其他社会制度下对外开放的内容。今天，我们正在建设中国特色的社会主义。这种开放的社会主义，诚然应当学习国外一切先进的科学的东西。但是，这种社会制度下的开放，与其他社会制度下的开放，有着本质的差异。这种差异，对时尚传播提出的基本要求，就是时尚传播必须适应社会主义物质文明和精神文明建设的需要。我们接纳了卡拉 OK 和因特网，但是不欢迎"飞车党"和"白粉族"。因此，西方流行的东西，并不都等于我们社会的时尚需求。根源还是在于经济基础和社会制度不同。这是我们辨析时尚的基本前提。就是在香港回归祖国之后，因为实行的是一国两制，内地与香港的对外开放也存在着差异。香港现代的先进的时尚，当然会对内地产生各种影响。但是，内地不可能照原样模仿香港的各种时尚。根本的原因，还是在于内地与香港的经济基础和社会制度有着差异。作为新闻舆论宣传部门，只有认清了这一点，才能在时尚传播中正确地担负起自己的职责。

二、从消费差异看时尚传播

人们的时尚需求，与人们的消费要求和消费水准密切相关。虽然在某些特定的历史时期，社会时尚也会反映人们政治生活的某些特点，但是一般说来，社会时尚总是更多地与人们的经济生活和文化生活紧密联系在一起。这是因为，人们的社会需求，最基本的和最首要的，是物质和文化的需求；人们的生活消费，主要的是物质和文化的消费。在实际生活中，人们的经济状况和文化水准各不相同，这就形成了社会物质和文化消费的差异性。这种差异性，决定人们在时尚传播过程中不同的基本态度和兴趣所向。而认真研究这种差异性，是我们在时尚传播中坚持正确导向的重点所在。

物质消费是人们生存的基本需要。而人们的物质消费，最起码的又是要解决温饱问题，进而解决衣食住行不同档次的需求问题。改革开放20年来，我们的物质生活水平应当说有了很大的提高。不仅大批的贫困人口逐步解决了温饱问题，而且不少人已经进入了小康行列。从列宁装、中山装到西装、休闲服，从骑自行车到"打的"，从"旧三大件"手表、自行车、缝纫机到"新三大件"电脑、私车、家庭影院，无不体现了人们的物质消费时尚已经有了很大的变化。但是，由于经济发展不平衡，人们的物质消费水平仍然存在着较大的差异。尤其是在当前调整经济结构、国有企业有待进一步搞活、大批下岗职工需要重新就业的情况下，社会的整体物质消费水平并不是很高。面临这种情况，我们的时尚传播，特别是广播电视参与的时尚传播，就应当把重点放在如何正确引导物质消费上。当然，对于那些体现先进的科学的高质量的生活方式的时尚，需要适当推介。然而，我们的时尚传播，重点还是应当根据人们物质消费水平的差异，正确引导人们从自身状况出发，符合实际地不断满足自己物质生活上的时尚需求。如果与刚刚解决温饱问题的山区农民和下岗后重新就业的职工，大谈"指甲装饰"和"玩车族"的时尚话题，无论怎样说也是不切实际、不对胃口的。

人们的物质消费水平提高以后，所需求的便是文化消费。自古以来，人们只有在衣食住行的基本问题得到解决后，才会谈论琴棋书画、诗词歌赋。在今天改革开放的年代，人们对文化消费的需求，更是与日俱增。从以前进电影院看电影，到进小影厅看激光影碟，再到在家里建"家庭影院"，就充分体现了人们文化消费状况的时尚变化。但是，在文化消费的问题上，由于人们的知识水准、艺术鉴赏能力、文化欣赏情趣以及文化消费目的的不同，对文化消费时尚的理解和需求也就大有差异。面对这种差异，作为广播电视参与的时尚传播，应当把重点放在提高人们对时尚文化的艺术鉴赏能力上，以帮助人们以健康的文化欣赏情趣，满足自己文化消费的时尚需求。当影视、戏曲、音乐、美术以及读书、旅游、文化收藏等与时尚联系在一起时，是大有文章可做的。一部《泰坦尼克号》，成为人们先睹为快的电影时尚时，各种媒介闹得沸沸扬扬。但对受众最有启示的，还是有关东西方文化的比较和艺术鉴赏的话题。所以，根据文化消费需求的差异状况，如何加强对文化时尚传播的引导，是各种传媒机构尤其是广播电视应当认真对待的重要课题。如果仅仅将时尚与时装等衣食住行方面的"前卫化"联系起来，而忽视时尚的文化消费，那只能是对时尚的狭义理解。

三、从心理差异看时尚传播

人们对时尚的理解和需求，无不与各自的心理状态联系十分紧密。由于人们的性格特征、文化素养、生活环境、社会阅历不同，其心理状态有着极大的差异。面对这复杂的心理差异，我们的各种媒体，尤其是广播电视，在进行时尚传播时，就要认真分析，根据不同对象的心理状态，以确定传播的内容、传播的技巧、传播的重点。在时尚传播的过程中，人们的心理差异，大体上有以下几种类型：

审美心理的差异。人们对待生活中的各种时尚，总是要以自己的审美眼光去认识。而人们的审美认识活动，都是伴随着审美的心理活动去进行的。不同的审美主体，有着不同的审美心理。这种审美心理的差异，主要的有两种情况。一是由于文化素养、审美能力的差别，而形成美感上的差距。例如，有的农村村民富裕了想美化居住环境，城镇居民富裕了想美化室内装饰，因为审美能力的原因，往往花了钱却难以达到美化效果。所以我们的媒体在传播这类生活时尚时，就应当在如何增强审美能力方面注意引导。二是情感心理因素的不同，形成审美心理的差异。桃红柳绿，环肥燕瘦，各有所好。周敦颐爱莲，郑板桥喜竹，无不有强烈的情感倾向。就是对待同一事物，因为情感因素的差别，也会形成不同的审美心理。同是面对纷纷扬扬的柳絮，林黛玉感叹"粉堕百花洲，香残燕子楼"，而薛宝钗却赞赏"白玉堂前春解舞，东风卷得均匀"。人们带着审美眼光来认识时尚的东西时，更是如此。或是因为审美能力的原因，或是因为情感因素的原因，其审美心理不可能尽然一样。因此，在进行时尚传播时，认真分析受众的审美心理差异，根据这种差异确定时尚传播的内容、技巧和重点，这对于取得时尚传播良好的审美效果，是十分重要的。

民族心理的差异。每个人都生活在一定的民族环境，所经受的民族习俗的熏陶和民族情感的培养，形成各自不同的民族心理。这种民族心理，反过来又使人对祖国、对家乡产生一种割舍不开的眷恋深情。因此，当开放的大门打开，吹进各种时尚之风时，人们总是自觉或不自觉地以自己的民族心理，来看待眼前新潮的东西。有段时期，不少酒家和歌厅纷纷以取洋名为荣，一时间到处可见"夏威夷"、"西雅图"。这种不合民族心理的"时尚"，理所当然受到了社会的批评。又如随着开放的扩大，不少人兴起了过洋节的时尚。中国人过"圣诞节"、"情人节"，还引发有关媒体就此展开了讨论。然而，就是那些对过洋节感兴趣的人，也认为洋节不可能替代民族节日。这就是民族心理的作用。不仅中华民族与海外民族的心理有着很大的差异，就是在中华民族大家庭之中，汉族与其他少数民族在心理上也有不同之处。所以，在进行时尚传播时，如果忽视了民族心理的差异，就很有可能弄巧成拙，甚至误入歧途。

年龄心理的差异。不同的年龄，积累了不同的生活阅历和不同的生活经验，以至形成不同的生活情趣。面对各种时尚，也就有着不同的认识，形成年龄心理上的差异。一般来说，年轻人对时尚接受的节奏较快，而老年人在时尚面前则往往三思而行，甚至不会轻易接受。像近两年以来，在年轻人中流行的一种使用频率最高、最时髦的赞语，就是"酷"。这个形容词作为英语 cool 的音译来使用，基本失去了汉语中"残酷、严酷"的含义。这就是年轻人的时尚。尤其是年轻人穿着露脐服和牛仔裤，蹦迪、听甲壳虫乐队演奏摇滚音乐时，老年人和他们谈《二泉映月》和《苏三起解》就会很不合拍。所以，不同的年龄心理，感受不同的时尚情趣。这时，我们的传媒在时尚传播过程中，就应当注重加强对如何认识健康的时尚情趣的引导。把握住了这个重点，尽管有年龄心理上的差异，也能收到时尚传播好的效果。前不久，在湖南生活频道开播晚会上，一群老年人和一群年轻人同台表演节目。先是老年人表演扭秧歌，然后由年轻人跳名为"玛格瑞拉"（Megerena）的现代舞。主持人潘峰风趣地将玛格瑞拉说成是"妈妈累了"，接着再由年轻人跟着老年人学扭秧歌，老年人跟着年轻人学跳玛格瑞拉舞。两种不同的文化时尚组合在一起，使观众不仅感受到了编导的创意，更重要的是体味到了时尚传播中新的情趣。

四、从地域差异看时尚传播

地域环境的不同，也会使人们对时尚的理解和需求有所差异。其中最主要的，还是经济上的原因。不同的经济实力基础，构成不同的经济环境。当某种时尚之风吹来的时候，一个地方是否有这种时尚需求，只能根据自己的经济环境来取舍。当然，先进的时尚，可以从某些方面促进一个地方经济的发展。我们也应当发挥经济发达地区的某些时尚的东西，对经济落后地区的促进作用。但是，由于经济发展时期时尚的内容，主要是物质消费时尚和文化消费时尚，不同地域的经济环境对时尚的需求是有差异的，而且这种差异在有些地方还较大。我们的媒体尤其是广播电视参与的时尚传播，如果忽视了这种地域差异，就会在客观上造成时尚需求的错位和超前。

时尚传播中的地域差异，首先表现在城镇与乡村的差异。城镇作为一个地方经济和文化的中心，其经济和文化发展状况当然与乡村有着较大的差别。如果不顾乡村的经济条件，盲目追求城镇的某些时尚，就有可能造成不切实际甚至令人啼笑皆非的时尚追求的错位。前些年有条新闻报道某地乡村的农民富裕了，也像城里人一样每天早晨喝上了牛奶。这看起来好像是新闻，实质上在城里也不是每人早上都能喝牛奶，在乡村就更不具普遍性，因而也就不切实际。诚然，我们需要用先进文明的现代时尚，努力去影响、改变乡村经济文化落后以及不文明的卫生习惯等生活方式落后的状况。但是，这必须以经济的发展作为基础。当然，近些年有的乡村经济发展了，物质生活达到甚至超出了城镇水平，也就接纳了许多城镇时尚。但是，从整体上来看，乡村的经济环境还是落后于城镇。这是时尚传播过程中不能回避的城乡差异的现实，尤其是农业大省的传媒机构在确定时尚传播内容时所面对的实际。

时尚传播中的地域差异，还表现在内地与沿海的差异。改革开放以来，内地与沿海相比，由于各种原因，存在着经济上的差距。这也就形成了内地与沿海在时尚需求上的差异。应当说，沿海地区包括香港的某些时尚，如名牌时尚等，对内地经济的发展起了重要的促进作用。但是，在时尚传播过程中，忽视内地与沿海的差异，盲目追求时尚的现象并不少见。忽视了这种差异，内地的时尚需求就很容易出现两种后果：一是超前，二是走向误区。例如，内地某些地方经济并不发达，却宾馆歌厅林立，这就难免在时尚需求上有些超前。又如，粤语本是南方沿海地区的地方语言，使用繁体汉字本是香港长期的社会习惯。然而一时间，内地某些人却把学说粤语、使用繁体汉字也当做时尚，这就使人感到不伦不类。这既是沿海地区的经济发展对内地的影响所产生的副作用，更是内地在时尚传播过程中走向误区的一种表现。广播电视作为现代化的传播工具，不仅要防止自身出现时尚传播走向误区的现象，而且更重要的是，要及时对社会上的时尚需求超前现象和走向误区的现象，正确加以引导。在这里，最根本的，还是要把握好内地与沿海时尚传播中的差异，冷静思考，不盲目追赶潮流，明确引导的重点。这样，才能发挥好时尚传播对社会经济文化发展的促进作用。

（本文原载于《潇湘声屏》1998 年第 8 期。获湖南省第八届新闻学术年会论文评选一等奖。收入《中国新闻年鉴》1999 年卷、《中国广播电视年鉴》1999 年卷。）

转换经济宣传的着眼点
——谈谈经济体制改革对经济宣传的新要求

一个时期以来，许多同志在谈到报纸、广播、电视中的经济宣传时，总觉得一般化，给人留下深刻印象的报道不多，引起受众共鸣的报道不多。一些新闻单位也试图采取措施，改进经济宣传。但是，经济宣传一般化的状况，仍没有多大改变。原因在哪里？我认为，最主要的，就在于我们的编辑、记者，包括一些报道部门的负责同志，在组织经济宣传、采写经济报道时，着眼点始终停留在政府机关的行政活动上，还没有转换到生产者、经营者、消费者那里。而现在，真正实现这种转换，是经济体制改革不断深化对经济宣传提出的新要求，也是我们改进、搞活经济宣传的关键所在。

一、改革的深化，要求经济宣传必须着眼于生产者、经营者、消费者

经济活动是人类社会的基本活动。而经济活动的主体，则又是处于一定所有制关系中的生产者、经营者、消费者。离开了生产者、经营者、消费者，任何经济活动都将无从可谈。在社会主义制度下，实现了生产资料公有制，劳动人民成为生产资料的主人。因此，以劳动人民为主要成分的生产者、经营者、消费者，在社会经济活动中的主体性，便更为突出。从这个意义上讲，我们新闻宣传中的经济报道，理所当然要把着眼点放在生产者、经营者、消费者那里，及时反映他们在经济活动中的新思想、新实践、新成果。

但是，在长期的社会主义建设中，我国实行的是高度集中的计划经济体制。在这种体制下，政府机关运用行政手段对经济活动的干预，不仅是直接的，而且有很大的强制性。这种手段，不仅规定了经济活动运行的准则、程序，也包揽了经济活动在这种体制下运行的结果。面对这种情况，我们在进行经济报道时，必然在很大程度上着眼于政府机关的行政活动。当然，对于政府机关有关经济决策等活动，应当及时报道，也会引起社会关注。然而，由于着眼点主要放在政府机关的活动上，尤其是报道政府部门一般性的业务活动比较多，经济报道的许多内容必然会离经济活动比较远，离生产者、经营者、消费者比较远。

从 1979 年开始，我国展开了农村经济体制改革，逐步实行以家庭联产承包责任制为主的新的体制。农村的生产者、经营者焕发了极大的积极性，他们在农村经济活动中的主体地位进一步突出。我们的许多新闻工作者，自觉或不自觉地把经济报道的着眼点，放在了农村经济活动中的生产者、经营者、消费者那里，写出了不少新鲜、深刻、生动、感人的经济新闻。这是很值得思索一番的。

1984 年，经济体制改革的重点转向城市。无论是工业、商业，还是交通运输业、建筑业，逐步实行所有权和经营权的分离，实行以承包利润为主的各种形式的经济承包责任制。实行这种改革，无疑扩大了企业的自主

权。但是，从根本上来说，还是政府对企业的"放权让利"。政府对企业的行政干预并没有减少多少。作为企业，其至还越来越多地受到除政府以外的其他社会团体的各种干预。这些干预，还有意无意地要求新闻单位予以报道。这就使我们关于城市经济宣传的着眼点，很难从政府机关的行政活动中转换过来。

90 年代城市经济体制改革的重点，是转换和完善企业经营机制，减少和消除政府部门对企业生产经营活动的不必要干预，真正下决心把企业推向市场，使企业逐步成为自主经营、自负盈亏、自我完善、自我约束的社会主义商品生产者和经营者。政府职能将朝着"小政府，大服务"的方向转变。这种改革，将为企业注入新的活力，为企业在经济舞台上拓展广阔的天地，也将进一步显示出企业在经济活动中的主体地位。这种行政权与经营权逐步分离的改革趋势，也对我们的经济宣传提出了新的要求，这就是：我们的经济宣传，要及时、生动、深刻地反映改革开放中的经济生活，必须把报道的着眼点，从政府机关的行政活动转换到生产者、经营者、消费者那里。

二、着眼于生产者、经营者、消费者，是改进经济宣传的关键所在

我们的经济宣传显得一般化，说来说去，无非是经济新闻在形式上会议新闻多、综合新闻多、季节生产的新闻多，在内容上缺乏思想性、典型性、形象性、生动性。对于这种状况，很多同志都知道，但是为什么长期改变不了？根本原因，还是在于我们的记者、编辑在采写、编发经济新闻稿件时，着眼于政府机关的行政活动。于是，发出的经济新闻稿件，要么是政府某某部门召开了什么会议，要么是某某地市县领导几个狠抓、几个促进、处理几个关系，要么是农业生产离不开春耕、双抢、秋收、冬种，工业生产离不开元月开门红、大战红五月、战高温夺高产、大战四季度等等。我们有些记者、编辑长期形成了这样一种观念：经济活动是政府组织的，报道经济就要报道政府的活动。因而稿件中常见的是粗线条的工作安排、干巴巴的数字概括、枯燥的生产进程等。新闻毕竟是新闻，有其自身的规律、特点和要求。如果把新闻与政府机关行政活动中的报告、通报、

总结等同起来，还有什么新闻敏感、新闻角度、新闻价值可言？

要搞活我们的经济宣传，出路还是在于，把我们的视角着重转向生产者、经营者、消费者。这里所说的生产者、经营者、消费者，既包括经济活动中的个人，更主要的是指经济活动中的各类经济实体。他们是社会经济活动中的主体。在进入 90 年代深化改革的今天，生产者、经营者、消费者在经济活动中的一个显著特点，就是在受到国家计划指导的同时，将越来越多地受到不断规范的市场机制的影响，感受到市场"这只看不见的手"的作用。因此，我们的经济宣传，着眼于生产者、经营者、消费者，就不能不注重市场问题。由于以前我们的经济宣传着眼于政府机关的行政活动，可以说，许多记者、编辑对市场问题是注重、研究不够的。随着改革的深入，开放的扩大，我国的市场机制正在不断健全，逐步规范。在原来只有消费品市场的基础上，现在已经培育出了生产资料市场、资金市场、技术市场、信息市场、房地产市场、劳务市场。另外，从地域来说，还有各地的专业市场和边境市场。正是通过这些市场，生产者、经营者、消费者表演出一幕幕生动丰富的反映时代经济生活的活剧。只要我们的经济宣传着力反映这些活剧，经济宣传就一定活跃得多，大大增强可读性、可听性、可看性。

当然，新闻舆论工具是党和政府的喉舌。我们所要发展的经济，是社会主义有计划的商品经济。我们的经济宣传，毫无疑问应当传达党和政府有关经济生活的政令、措施，应当反映计划调节在经济生活中的作用。经济新闻应当具有较强的政策指导性。但是，党和政府的政令、措施，计划调节的作用，离开了生产者、经营者、消费者，就失去了对象。从认识论的原理来看问题，党和政府的政令、措施来源于生产者、经营者、消费者的实践经验，反映了他们的共同的利益，又反过来指导他们的实践。只有着眼于生产者、经营者、消费者，来宣传党和政府的政令、措施，找准党和政府的政令、措施与各种经济活动和结合点，我们的经济新闻才更具有说服力，才能将经济新闻的指导性与可读性、可听性、可看性高度统一起来。

另外，经济宣传的对象，应当说主要是生产者、经营者、消费者。离开了他们，我们的经济宣传就失去了最主要的读者、听众和观众，也就失去了宣传的意义。因此，经济新闻也好，经济信息也好，应当多报道生产者、经营者、消费者所关心的事情，想知道的事情，其身边的事情。同时，还应注重从生产者、经营者、消费者的视角搞好报道。遗憾的是，由于着眼点没有转换过来，许多经济新闻、经济信息，似乎着意是给政府机关干部读的、听的、看的，根本就没有想到生产者、经营者、消费者。有的新闻题材比较好，因为采写、编发时着眼点不一样，却产生了另外意想不到的效果。比如，前些年春节前夕常看到这样的消息：某市政府决定向全市居民每人供应多少斤优质大米。这是从政府机关的角度报道的消息。然而，由于多种复杂的原因，并不是所有的居民都能买到优质大米。于是，没有买到的居民反而牢骚满腹。如果把着眼点转换到经营者、消费者那里，报道一个比较典型的粮店如何做好春节优质大米的供应工作，或者报道几个有特点的消费者买到优质大米的情形，这样的消息报道的是同一内容，其社会效果可能要好得多。可见，要使我们的经济宣传不仅内容新鲜、生动，而且产生好的社会效果，从生产者、经营者、消费者的角度考虑问题，是非常重要的。

三、深入经济生活，才能真正着眼于生产者、经营者、消费者

转换经济宣传的着眼点，不仅是思想观念转变的问题，而且还要有工作作风上的转变。这也是经济体制改革的深化，对我们从事经济宣传的同志提出的新要求。经济体制改革的深化，需要政府机关的决策，更需要广大生产者、经营者、消费者的实践、试验和探索。因此，我们的记者、编辑，要走出政府机关，走出政府机关的会议，走出政府机关的简报，深入经济生活，深入生产者、经营者、消费者之间。在深入的过程中，了解生产者、经营者、消费者的意愿、创造和成果。同时，结合这种了解，更好地把握政府的决策。从而，使我们的经济宣传既坚持导向的正确性，又更好地贴近经济生活，贴近生产者、经营者、消费者。

深入经济生活，深入生产者、经营者、消费者，重要的是，要及时了解经济生活中出现的新事物、新问题。长期以来，因为着眼点没有转换，有不少记者、编辑对来自政府机关的"新精神"、"新指示"很敏感，而对经济生活中的新事物、新问题却反应迟钝。这不能不说是经济宣传中"只唯上，不唯实"的一种思想表现。其实，上级领导机关有关经济工作的

"新精神"、"新指示"，是对客观的经济生活的反映，目的在于引导和指导经济生活。我们在从事经济宣传时，不能简单地拿着"新精神"、"新指示"去寻找经济生活中的例子，而应当立足于经济生活中的新事物、新问题，全面、准确、适度地在宣传中体现有关指示精神。尤其是在改革不断深化的时期，经济生活中的新事物、新问题是层出不穷的。我们只有深入实际，对这些新事物、新问题产生的原因、内在的联系、发展的趋势，进行实事求是的分析和把握，并将这种分析和把握与党和政府的有关指示精神结合起来，我们的经济宣传才能做到既有指导性，又生动活泼，有血有肉，有声有色。

深入生产者、经营者、消费者，还必须注重了解和把握经济生活中的典型人物和思想。经济活动，归根到底是人的活动。人的活动又是受一定思想支配的。我们的经济报道，只见物是不够的，还必须见人见思想。这是经济报道的生命力所在。这里所说的人，是指典型环境中的人；这里所说的思想，是指体现时代精神的思想。要做到见物见人见思想，只"身"入实际是不行的。还要下苦功夫，对典型人物及其思想进行深入的开掘、提炼。不然的话，浅尝辄止，或者浮光掠影，采写出来的经济报道就只能是"做法一二三，数字一大串"，拍摄出来的画面就只能是"田垄庄稼，厂房机器"。这样的报道，是很难具有说服力和感染力的。

因此，我们要搞活经济宣传，必须努力研究经济活动中的人，研究人的思想。比如，现在企业深化改革的重要内容，是三项制度改革。实际上，各地三项制度改革的做法都是大同小异的。然而，在这种改革中，却会出现许多不同类型的典型人物，出现许多有代表性的思想。我们有关三项制度改革的报道，就不能简单地去写做法，而应当深刻地去写人，写人的思想。这样，才能实实在在地在经济宣传中，把我们的着眼点转换到生产者、经营者、消费者那里。

新闻是有其自身的规律的。经济新闻宣传更有其自身的规律。在改革的时代，我们切实把经济宣传的着眼点，从政府机关的行政活动转换到生产者、经营者、消费者那里，是有利于我们更好地把握其中的规律的。

（本文原载于湖南《视听业务》1992 年第 5 期。获湖南省第三届广播电视学术论文评选二等奖。）

智力资本与广播电视

随着新世纪的到来，知识经济已经在许多行业初见端倪。广播电视作为知识密集和与高新技术紧密联系的行业，要在新世纪加快发展，特别是在新的市场经济环境中取得更好的社会效益和经济效益，就不能不重视和研究知识经济的影响和作用。知识经济的重要特征，是智能和知识的投入和增值，即智力资本的运作和收益。这是对知识创新和人才开发问题全新意义的认识。所以，认真研究智力资本与广播电视之间的内在联系，这对于更新我们的人才观念，增强队伍素质，在新世纪寻求广播电视发展的新途径，有着非常重要和实际的意义。

一、广播电视行业智力资本的理性认识

什么是广播电视行业的智力资本？对这个问题，我们只能通过人才所具有的智能和知识，在广播电视传播中的转化过程来认识。这种转化过程有两个特点：一是智能和知识必须有所创新。而这里的创新，又往往是人才群体的活动。如广播电视直播新闻节目、板块节目、综艺节目的生产活动。二是创新的智能和知识，通过广播电视传播能产生社会效益和经济效益。这主要表现为社会收听、收视率和广告收益率。从某种意义上来说，这种效益实质上是创新的智能和知识所形成的新价值。所以，这里所说的社会效益和经济效益，也可以说是社会价值和经济价值。由此可见，广播电视行业的智力资本，是指在创新中将知识、信息转化为广播电视传播的社会效益和经济效益的人才群体及智能。

我之所以将广播电视行业的智力资本，概括为一种人才群体及智能，主要基于对广播电视人才问题的重新认识。广播电视是人才比较集中的行业。但是，在不同的体制下，人才所体现出来的质的特点却有所不同。在

受计划经济影响的体制下，广播电视节目多为对象性很强的节目。编辑、播音员、技术人员分工合作，往往表现为人才个体及技能的合作。除了编辑较为固定外，播音员和技术人员可以随时更换。而在今天受市场经济影响的体制下，广播电视节目多为综合性的板块节目。编导、制片人、主持人、技术人员分工合作，往往表现为人才群体及智能的合作。各类人员均比较固定，很少轻易更换。如中央电视台的《东方时空》、湖南电视台的《快乐大本营》、隶属广东人民广播电台的城市之声电台，莫不是如此。这种从人才个体及技能到人才群体及智能的质变，反映了不同的时代背景和社会环境对广播电视节目需求的变化，也反映了广播电视节目走向产业化运作后在生产上追求社会效益和经济效益的趋势。正是由这些人才群体及智能的作用，不少电台、电视台拥有自己在受众中影响很大的节目，形成了自己的传播标志。这些人才群体及智能，构成了某些电台、电视台的智力资本。我们之所以称之为"智力资本"，重要的是因为，这些人才群体及智能，能给电台、电视台带来社会效益和经济效益。这是在今天的形势下，对广播电视行业人才问题认识的质的飞跃。面临广播电视行业竞争愈演愈烈的格局，这种认识上的质的飞跃，更加显得重要。

二、广播电视行业智力资本的运作需求

在改革开放和社会主义市场经济条件下，我们要从智力资本的高度来认识广播电视行业的人才问题，这是因为广播电视事业的发展，已经对人才群体及智能形成了新的需求。同时，从广播电视事业的现状来看，人才的投入、作用及流动，已经开始采用智力资本的运作方式。我们必须认真把握这些新的需求，认真研究这些运作方式。大体来看，广播电视行业智力资本的运作需求，主要表现在：

高质量节目的需求。广播电视行业发展到今天，无论是从节目生产能力的状况看，还是从受众的欣赏要求看，都对节目质量提出了更高的要求。能否有高质量节目，已经成为广播电视生存和发展第一位的任务。要生产出高质量节目，这就迫切需要智力资本即人才群体智能的投入。谁拥有智力资本，谁就将拥有生产高质量节目的主动权。尤其是广播电视节目送上卫星之后，节目市场的竞争愈来愈激烈，愈来愈需要高质量的品牌节目。

在高质量节目竞争的背后，实质上是人才群体及智能的竞争，也就是智力资本的竞争。显然，以往那种人才个体及技能的状况，已经不适应这种竞争的需要。一个台要在高质量节目的竞争中技压群雄，就不能不形成自己的人才群体及智能。即以智力资本的方式，去运作，去投入，去产出。通过高质量节目，获取比别人更高的社会效益和经济效益。

产业化发展的需求。广播电视行业作为社会第三产业，在社会主义市场经济环境中，只有坚持走产业化的路子，才能寻求更快的发展。广播电视产业化发展，最根本的，还是对信息产业的开发。就这方面信息产业开发的特点来看，主要是新知识、新信息的传播和运用，以及具有广播电视特点的精神文化产品的生产。如广播剧、电视剧和综艺节目面向市场的生产。近几年来，面对文化信息市场的需求，湖南经济电视台彻底改变那种"为播节目而做节目"的老套做法。不仅开发生产出了市场抢手的电视剧，而且还将本台的综艺节目发行到了 10 多个外省市电视台。这种产业化的发展，必然需要大量的具有新知识、高智能的人才群体，需要智力资本的投入和运作。另外，我们必须看到，随着广播电视产业化的发展，除新闻节目外其他节目的生产与播出正在逐步分离。这种分离所带来的一个直接要求，就是广播电视节目生产与播出，都要讲求市场化，都要追求更高的社会效益和经济效益。而要追求两个效益，就必然促使广播电视媒体和产业化运作的实体，去网罗和招揽各类杰出人才，去努力开发人才的智能。以形成自己的独特的智力资本，在产业化运作中占领新的制高点。

新技术应用的需求。随着现代高新技术的发展，广播电视节目的生产和播出，越来越多地开始应用新技术。从目前来看，这些新技术主要的是数字技术、多媒体技术、卫星直播技术、网络播出技术。对于这些新技术，不仅从事节目制作和播出的技术人员要掌握，而且从事节目策划、编辑、主持的专业人员也要熟悉。但是，从我们队伍目前的素质来看，远远不能适应这些新技术应用的需要。这就要求我们必须大力引进和培养会应用新技术的各种专业人才，要求我们必须重视智力资本在新技术应用方面的投入。如果在这方面着眼不高、着手不早，或者对智力资本估价过低、运作不当，其结局只能是，在广播电视行业的激烈竞争中面临淘汰出局的险境。

三、广播电视行业智力资本的产出途径

无论是高质量节目的生产，还是产业化的发展、新技术的应用，都需要智力资本的投入。有投入，就要求有产出。那么，如何认识广播电视行业智力资本的产出途径呢？要弄清这个问题，我们必须首先认清智力资本的主要特征。智力之所以能构成资本，主要的在于这种智力能对知识和信息在传输、存储和运用的基础上进行创新，从而通过创新出成果、出效益。创新是智力资本的重要标志。认清了这一点，就可以使我们认识到，广播电视行业智力资本的产出途径是：一定的人才群体在创新中，将知识和信息转化为广播电视传播的社会效益和经济效益。而这种社会效益和经济效益，也可以说是产出价值，即以品牌节目形成的收听率和收视率、以黄金时段广告形成的收益率。在这里，创新是十分重要的。没有创新，就难以开辟智力资本的产出途径。从产出过程的主要因素来看，创新的主要内容是：

一是策划创新。广播电视传播策划，有具体新闻报道的策划，也有某次节目内容的策划，还有与传播有关的活动策划。但是，最重要的，还是整个频道、频率和栏目格局及定位的策划。其中包括整个频道、频率中播出重点的策划。只有这种策划真正到位，才能全面塑造出电台或电视台的整体形象，才能突出形成电台或电视台的传播标志。从智力资本的产出途径来看，只有这种策划创新，才能不断从整体上产出比较稳定的社会效益和经济效益。所以，一个台如果拥有自己的人才群体，要使其智力资本有新的产出，就要充分发挥好这些人才群体，在整个频道、频率和栏目格局及定位方面的策划创新作用。

二是品牌创新。广播电视播出的节目，作为一种精神产品，与其他物质产品一样，也有品牌效应。在市场经济条件下的今天更是如此。创造品牌不难，难的是保持品牌。要保持品牌，就需要不断创新。索尼电器、大众汽车、联想电脑，概莫能外。什么是广播电视行业的品牌？这就是高收听率和高收视率的频道、栏目和节目。创造高收听率和高收视率不难，难的是保持高收听率和高收视率。保持的要诀，是创新。对于暂时的创新、单个的创新，也许人才个体及技能可以做到。但是，对于长期的创新、整

体的创新，就必须依靠人才群体及智能，就必须重视智力资本。也只有在品牌创新的过程中，人才群体及智能才能将新知识、新信息转化成广播电视传播的高效益。

三是技艺创新。广播电视节目的生产和播出，离不开各种技巧和艺术手法。广播电视节目要在整体形象和艺术形式上，打动和吸引受众，就要经常进行技巧和艺术手法的创新。这里最重要的，是节目编导和节目包装的新创意。事实已经说明，节目编导的整体构思和节目包装的整体设计是否有创意，播出效果大不一样。其关键，还是智力资本的投入是否重视技艺创新这个途径。比如，湖南电视台的节目上卫星后，投入大量的智力资本进行节目包装。同样一个屏幕，整体形象焕然一新。又如，湖南经济电视台一开播，就对整个频道的包装形式进行了规范，统一了色彩、字体、音乐、节奏和出现的频率。同时，他们每隔一段时间，就相应地推出频道、栏目和电视剧的宣传片。这就使其节目编导的整体构思和节目包装的整体设计，比其他台高出一筹，其产出的社会效果也就更为明显。所以，要使智力资本的投入在广播电视节目中产出更好的效益，不能不重视技艺创新这条重要的途径。

四是手段创新。这里所说的手段，主要是指技术手段。广播电视行业的技术更新，与社会的技术创新紧密相关。一般来说，大家都比较重视新技术在广播电视行业的应用。但是，从目前来看，我们应当尤其重视数字化制作和计算机网络播出的新效果。数字化制作，直接关系到广播电视节目播出的技术效果。计算机网络播出，将使传统的广播电视覆盖方式发生概念和实质上的新变化，有人称之"是一场深刻的变革"。尤其是广播节目的生产和播出，要取得更好的效果，更要特别重视这两项技术的应用。从这个意义上来说，手段创新，已经成为广播电视行业智力资本产出的新途径。从智力资本产出的角度看问题，如果轻视和忽视手段创新，在目前轻视和忽视数字化制作和网络播出技术的应用，就会堵塞智力资本产出的一个重要途径。最终，势必影响广播电视节目播出的社会效益和经济效益。

四、广播电视行业智力资本的积累方式

广播电视行业的智力资本，因为是人才群体及智能的体现，因为与广

播电视节目的生产和播出紧密相连，其积累方式也具有鲜明的广播电视特点。从积累的主要特征来看，可分为智力生产力的积累和智力资产的积累。

智力生产力的积累，主要体现为：各类人才的培养、选拔和招揽，以及不同类型人才群体的构成。智力生产力是智力资本的本源所在。离开智力生产力，就无从可谈智力资本的积累。所以，重视智力生产力的积累，也就是重视广播电视行业发展的本源开掘。这里需要认清的是，智力生产力的积累，已完全不同于以往计划经济条件下的人才个体及技能的培训和使用。这种积累，是根据高质量节目竞争和产业化发展的需要，运用新机制对各类人才的选拔、招揽和聘用，尤其是对不同类型人才群体的重点培养和定向招揽。从目前广播电视行业的需求来看，我们重点培养和招揽的人才应是：集策划、采编、主持多能合一的智能复合型人才，具有某方面突出才干的"张良、萧何、韩信"式的团体组合型人才，创新开拓意识强烈的终身开发型人才。特别是在广播电视产业化发展的今天，重视人才的类型尤为重要。根据湖南广播电视产业化发展的需要，湖南省广播电视厅近几年从北京、上海、广东、河北、河南、湖北、四川、云南等省市，引进了10多名高级经济管理人才和40多名业务水平较高的新闻专业人才。今年厅党组又明确提出，要在培养名编辑、名记者、名主持人的同时，大力培养和招揽策划人才、金融人才、证券人才和计算机网络人才。应当说，这是从广播电视事业发展的长远，重视智力生产力积累的明智之举。

智力资产的积累，主要体现为：节目品牌、节目主持人形象的形成，以及节目收听率、收视率的构成。一个电台或电视台的节目，能在社会上形成品牌，能在受众中形成较稳定的主持人形象，能在受众中构成较高的收听率和收视率，实质上是这个台智力资产积累的重要标志。为什么有的台拥有同样的频率或频道资源，拥有同样的人才或人才群体，而节目质量却总是上不去？总是收听率或收视率较低？归根到底，还是在于没有形成自己的智力资产的积累。智力资产的积累，是智力生产力转化的成果体现。作为媒体的领导者，做好这种转化工作十分重要。不重视人才，不重视人才的合理使用，看起来好像只是对某些人员的安排问题，然而在走向知识经济时代的今天，在产业化发展的条件下，这个问题实质上是对智力生产力转化为智力资产积累的忽视。其严重后果，是智力生产力的不断流失，也就势必影响智力资本的产出，谈不上智力资产的积累。最终，在节目播出上表现为收听、收视率低和广告收益率低。

要不断提高智力资本的积累率，最根本的，是要努力创造有利于智力资本积累的良好环境。这种环境，主要是体制和机制环境、专业工作环境、人际关系环境。要在这些方面形成好的环境，最重要的是，建立和运行有利于人才成长和流动的新体制和新机制，确定有利于人才发挥作用的新制度，倡导重视人才、尊重人才的新观念。在这里，有两个问题尤其要引起我们的特别注意。一是人才的智能价值应当得到充分承认和实际报偿。在确立充分承认人才智能价值新观念的同时，应逐步做到按生产要素和必要劳动价值分配，不能简单地以奖金形式将人才的智能价值作为超额劳动去补偿。二是要使人才的智能成果得到保护。要将法律保护与行政保护的方式结合起来。既要增强版权意识，自觉按版权法规办事，又要使人才的智能成果以适当的方式得到单位的肯定和鼓励。这样，以充分调动各类人才的工作积极性，充分挖掘人才智能投入的潜力，有效地提高智力资本的积累率，发挥好智力资本的作用，繁荣我们的广播电视事业。

（本文原载于《潇湘声屏》1999年第11～12期、江西《声屏世界》2000年第5期。）

广播板块节目的美感选择

近几年来，在广播节目改革中，不少电台都开办了综合性的广播板块节目，长则数小时，短则半小时。由于这些节目采取主持人形式，且内容丰富，吸引了较多的听众。广播节目是让人听的。而在人们的审美感受中，听觉、视觉的感受范围最为广泛，最有概括性。因此，广播节目应给人以美的享受。实际上，人们总是以一定的审美心理和审美情趣来听广播的。

作为规模较大的广播板块节目，要让听众听得进，听得有味，很重要的一个方面，就是要使节目内容符合听众的审美心理，引发听众的审美情趣，使听众得到美的艺术享受。这就要求节目编辑和主持人，不能不认真研究广播板块节目的美感选择问题。那么，如何尽量准确地把握广播板块节目的美感选择呢？从我们湖南电台办星期天特别节目的实践来看，我以为应当从以下四个方面努力。

一、在听觉效果上要给人以韵律美

广播是通过把语言变成语音来发挥其作用的。现代汉语在语音上的一个显著特点，就是读起来有平仄变化，朗朗上口，富有音乐性。一次较长时间的板块节目，要吸引听众听下去，除了有感人的内容之外，必须在听觉效果上讲求韵律美。

讲求广播板块节目的韵律美，就要使听众在欣赏节目的过程中有一种节奏感。所谓节奏感，主要是指节目使听众听起来有起伏，层次鲜明，使人犹如行进在风景优美的盘山道上，既九曲回转，又渐入佳境。有段时间，湖南电台星期天特别节目《潇湘晨钟》，在90分钟的时间里设置了10来个栏目，每个栏目不超过10分钟。从一段音乐开始，先谈听众感兴趣的有关信息和知识，再谈人生话题，再涉及人们之间的情感关系，最后传达听众之间的祝福。这样，在听觉效果上就有一种波浪式的节奏感，使听众觉得"美听"。以致不少听众来信说，听完节目后"仍留恋不舍"。

讲求广播板块节目的韵律美，还要注意在栏目设置上使听众听起来有张有弛，有庄有谐。应当根据不同栏目的特点认真搭配、连接整个节目。庄重的新闻和抒情的音乐、严肃的话题和幽默的故事、入胜的知识和轻松的闲聊，应当搭配、连接得恰到好处。湖南电台星期天特别节目《欢乐星期天》，是一个综合性的文艺板块节目。这个节目既设有话题较为严肃的《星期天客厅》、《公开信箱》等栏目，也设有《快乐同伴》、《星期天幽默》等轻松活泼的栏目。听众听起来既感到有益，又感到愉悦。尽管节目时间较长，吸引的听众却越来越多。

二、在整体编排上要给人以色彩美

美国音乐家马利翁说："声音是听得见的色彩，色彩是看得见的声音。"

色彩本来是一种视觉效果，人们却往往用色彩来形容声音的性质，如"音色"一词。这主要的是因为不同的色彩，可以给人不同的感受，适合于人们不同的审美情趣。作为容量较大的广播板块节目，在整体编排时，必须考虑到听众的不同审美情趣。比如同是欣赏音乐，有的爱听民歌，有的喜欢通俗歌曲，有的则对外国名曲感兴趣。湖南电台星期天特别节目《东西南北》，为了适应听众的多种兴趣，就设置了《影视金曲》、《民族乐坛》、《湘江唱晚》、《与你同乐》等多种音乐和娱乐栏目，体现了多样的色彩美。

当然，适应听众不同的审美情趣，并不是迎合，而是要坚持审美感受的个性差异与审美感受的客观标准的统一。就绝大多数听众来说，他们在欣赏板块节目时，都是为了感受一种美的理想、美的道德、美的情操，为了享受一种美的艺术。这就是共同的审美感受的客观标准。许多听众，尤其是农村青年听众，在给湖南电台星期天特别节目的来信中，有不少都说收听了节目之后，"认识到了生活中的美"。这就说明共同的客观标准在起作用。但是，不同的听众喜爱不同的栏目、不同的内容，这又体现了审美感受中的个性差异。所以，我们在整体编排节目时，只有坚持把审美感受中不同的个性差异与共同的客观标准统一起来，才能完整地体现节目的色彩美。

要在整体编排上给听众以色彩美，必须注意色彩协调。所谓协调，主要是指色彩中的内在逻辑性和外在衬映性要比较接近。今年 4 月 8 日，湖南电台星期天特别节目《欢乐星期天》，曾播出了一组有关著名演员高玉倩、刘长瑜的节目内容。先是由主持人介绍高玉倩、刘长瑜等演员来长沙为亚运会义演的情况，接下来是主持人采访演员时的现场录音，再就是演员演出的实况片断。三个层次，三种色彩，有着较强的内在逻辑性和外在衬映性，给听众留下了较为美好的印象。

三、在内容表现上要给人以动情美

以情动人，是审美感受中的一种高级精神活动，这也是衡量广播板块节目是否有较强艺术性的一个重要标准。在审美过程中所形成的情感活动，是人们对客观对象与主体之间某种关系的反映。这种反映，在一定程度上表现了人们的社会要求、社会理想和思想气质。广播板块节目内容能否使听众收听后动之以情，很重要的，就在于节目内容能否反映人们的社会要求和社会理想，能否与听众的思想气质合拍。同时，在内容的表现上，能否激越听众的情感。

听众在收听广播板块节目时所产生的情感活动，从艺术角度讲，实际上是一种心理共鸣现象。这种心理共鸣，是听众将节目内容与自己和社会环境、社会经历联系起来，然后进行联想和想象的结果。当然，艺术共鸣是艺术鉴赏中一种常见的现象。然而，广播没有视觉形象。也正因为这一点，广播节目可以为听众提供更为广阔的联想和想象的空间，从而使听众产生较为强烈的共鸣效果。所以，广播板块节目在内容表现上，应当力图使听众产生更多的联想和想象，以激越听众的情感波澜。这是广播节目给听众以动情美的重要一环。湖南电台星期天特别节目《潇湘晨钟》，辟有《七彩人生》、《鸿雁传书》等栏目，播出的内容很容易使听众联想到自己的经历、自己的事业、自己在奋斗中的失败与成功，于是产生思想情感上的共鸣，甚至从中品味出更丰富的生活中的哲理。

要使广播板块节目更多地给听众以动情美，还必须在内容表现上运用多种方式。比如，将有关稿件与主题接近的歌曲、乐曲连接起来，将节目主持人的对话与现场采访录音穿插起来，请听众参与某些节目，等等。这样，充分激发、调动听众的情感情绪，随着广播节目内容的波澜起伏，不断产生较强烈的情感共鸣。湖南电台星期天特别节目《欢乐星期天》，有个栏目叫《快乐同伴》。每次播出，栏目由一名听众来主持，结合自己的特点和听众交流一些思想，同时满足部分听众点播歌曲的要求。近一年来，主持过《快乐同伴》栏目的有各行各业的听众。他们的普通话虽然不标准，但是以一种新的方式表现了一种富有情感的节目内容。也正是在这种交流中，听众与听众之间的情感相互沟通、相互感应。无论是主持节目的听众还是收听节目的听众，都留下了一段美好的回忆。

四、在节目主持上要给人以风格美

主持人在主持节目时，要给听众以风格美，首先必须意识到自己在主持节目时，是作为艺术形象存在于听众面前的。当然，主持人不像舞台上的演员那样鲜明地、活生生地扮演某一艺术形象。然而，主持人在主持节目时，既要把自己置身于节目中间，又要把自己置身于听众中间。所以，主持也是一种表演，一种运用语言艺术和编排艺术的表演。正是在这种表演中，不论是否意识到，主持人都在塑造着自己的艺术形象。要使主持人的形象受到听众喜爱，要使这种形象与另一主持人形象显著区别开来，最主要的，主持人在主持节目时要有自己独特的美的风格。

节目主持人独特的美的风格，是主持人的主观特性与节目的客观特性相统一的产物。节目主持人作为一种艺术形象，出现在听众面前时，已不同于生活中的原来那个人，但是又与原来那个人有着某些内在的联系。这具体表现在：原来那个人的思想气质、文化素养、性格情感、语言技巧，都直接影响到主持人形象。可以说，这就是节目主持人的主观特性所在。同时，各类广播板块节目，由于内容重点和编排形式不同，也将显示出各自不同的特点。从目前来看，广播板块节目大致分为这样几类：新闻型、知识型、文艺型、听众参与型。这些节目各有特点，对节目主持人也就相应有着不同的要求。可以说，这就是板块节目的客观特性所在。节目主持人只有把自己的主观特性与节目的客观特性有机地统一、协调起来，才能创造出独特的美的风格，也才能寻找到最佳的主持人形象。

实际上，艺术风格的形成需要一个过程。广播板块节目主持人要形成独特的美的风格，一方面主持人要在主持节目的实践中去认真揣摩、努力钻研、刻意寻求，另一方面有待听众多次收听节目，以致在听众中形成一种主持人形象积淀。所以，有关方面应当有意识地培养自己的节目主持人，为主持人形象的完善、风格的形成创造有利条件。从而，使广播板块节目给听众带来更多的美的感受。

（本文原载于湖南《视听业务》1990 年第 3 期。）

离听众近些再近些

——星期天特别节目引出的启示

湖南人民广播电台星期天特别节目，从 1988 年 8 月 21 日开播，到 1989 年 2 月底，半年时间就收到省内外听众来信近两万封。其中外省听众的信件来自 15 个省、自治区。这说明，广播节目仍然拥有自己的听众。当然，星期天特别节目作为广播节目改革的产物，之所以受到听众的喜爱，很重要的一个原因，就是增强了接近性，即从形式到内容，都努力做到离听众近些再近些。

广播节目是给人听的，与电视比较，没有画面；与报刊比较，没有书面文字。这是其短处。也正是因为广播节目是给人听的，其长处就在于：节目编播者与接受者能够充分地进行双向交流，从而最大限度地拉近节目编播者与接受者之间的距离。湖南电台星期天特别节目，也正是从广播节目的这个特点出发，采用节目主持人形式来编排节目，内容以服务性、娱乐性、知识性为主，兼顾新闻性，从而接近实际，接近生活，节目受到听众欢迎。星期天特别节目作为综合性的板块节目，经过半年的播出实践，在如何增强节目接近性方面，主要给人以下几点启示。

启示之一：扩大服务面

广播节目面临着众多的不同层次的听众。这些听众打开收音机，除了想获得信息、欣赏文艺之外，很重要的一个目的，就是还想通过收听广播节目，来帮助自己解决某方面急需解决的问题。由主持人主持的板块节目，直接"一对一"地与听众交谈，而且形式变化多样，这就可以更好地为听众服务。也只有扩大了为听众服务的面，更多的听众也才会把广播当做自己的忠实朋友，使广播与听众相互贴近。

在这里，一个很重要的问题，就是在编辑思想上，要转变那种把听众当做教育对象的老观念，实实在在地把听众当做服务对象。如果老是认为听众是被教育者，那就难免摆出一副居高临下的架势，难免官话、空话、套话连篇。结果，听众就会敬而远之。当然，广播节目也是一种宣传，是宣传就要引导。然而，我们完全可以把引导融汇到服务之中去。

湖南电台星期天特别节目，从开始播出之时起，就很注意突出为听众服务的特点。早上播出的《潇湘晨钟》节目，开辟有《市场万花筒》、《衣食住行四重奏》、《和您聊天》、《你问我答》、《大家来帮忙》、《生日点歌》等栏目。中午播出的《欢乐星期天》节目，开辟有《空中阅览室》、《新书架》、《喜庆点播》等栏目。下午播出的《东西南北》节目，开辟有《你未必知道》、《健康之道》、《闲情逸致》、《老年人天地》等栏目。由于这些栏目主要是为听众服务的，深深吸引了省内外的大批听众。广大听众也纷纷就读书求学、恋爱婚姻、衣食住行、求医问药等方面的问题，给主持人和编辑来信。这样，也就大大缩短了主持人、编辑与听众之间的距离。

听众的来信越多，要求回答的具体问题也就越多。这就要求节目主持人和编辑，在为群体听众服务的同时，尽可能地为更多的个体听众服务，努力帮助听众解决一些急需解决的具体问题。湖南电台星期天特别节目在这方面的主要做法是，带有普遍性的问题尽量在节目中公开回答；单个特殊的问题，尽量书信回答。另外，除了在节目中努力搞好信息服务之外，还要尽量多回答一些与听众的生活密切相关的具体问题。这样，也就扩大了为听众服务的面，将更多的听众吸引在收音机周围。

启示之二：提高参与度

听众参与广播节目的程度，是衡量广播节目接近性的一个重要尺码。在今天改革开放、发展商品经济的时代，让更多的听众参与广播节目，是一种必然的要求。这也是增强广播节目传播效益的重要途径。半年来的星期天特别节目的实践，也充分证实了这一点。

听众的参与，首先应当是听众通过广播节目对各种社会问题的参与。湖南电台星期天特别节目《潇湘晨钟》在《热门话题大家谈》专栏中，就播送了一些听众对市场物价管理问题、职工第二职业问题、大专院校学生厌学问题的看法。有的是听众谈话录音，有的是听众寄来的稿件。这些内容播出后，又引发了许多听众的参与热情，纷纷来信来稿，各抒己见。《欢乐星期天》节目中的《星期天客厅》专栏，就文化生活方面的一些热门话题，邀请省内的著名作家、学者以及一些文化层次较高的听众一起讨论，引起了听众的极大兴趣。在各方面改革不断深入的时代，人们的思想观念正经受着新旧两方面的撞击。让更多的听众通过广播节目，来参与有关社会问题的讨论，其意义还不仅在于增强广播节目的接近性。

广播节目是让人听的。听众的参与，更广泛更经常的是听众积极参与广播节目的制作和播出。这不仅可以改变以前那种我播你听、听众被动接受的形式，更重要的是增加了听众亲身经历、真实可信的内容。《潇湘晨钟》节目中的《我有话要说》专栏，播发的都是听众急于想说的有关社会、人生的心里话，反映的都是听众亲身经历或者身边所发生的事情，听众听起来就感到十分亲切。《欢乐星期天》的节目主持人和编辑，把听众请到播音机房，开展游艺活动，然后播出录音，其他的听众收听时犹如身临其境。还如《东西南北》节目中的《与你同乐》专栏，经常开展猜奖活动，播送星期天特别节目主持人、编辑和听众联谊活动的录音剪辑，使许多听众对广播节目产生了极大的兴趣。实践证明，让更多的听众参与广播节目，既能使听众更加信任广播，也能使广播节目的内容更加丰富多彩。

让更多的听众参与广播节目，还可以实现听众之间的交流和沟通，使广播节目传播收到更好的社会效益。《潇湘晨钟》节目曾在《大家来帮忙》专栏中，播发了一位署名"阿愁"的女青年的来信，诉说了她在生活道路上遇到的难题和挫折；还播发了一篇关于耒阳市一位女教师拾到一万八千元人民币交还失主后受到讥讽的稿件。许多听众收听后，给《潇湘晨钟》节目、"阿愁"和女教师写来大量信件，给予支持、帮助、鼓励。后来，"阿愁"的思想问题完全解决，并署名"阿欣"给《潇湘晨钟》节目主持人写了一封十分感激的信。那位女教师收到大量听众信件，感到得到了强有力的舆论支持。其实，这也是最好的令人信服的听众之间的自我教育，所产生的社会效益是显而易见的。

启示之三：加深人情味

以主持人形式播出的综合性广播板块节目，可以生动活泼地和听众双向交流。要取得这种双向交流的最佳效果，加深节目的人情味至关重要。这也是湖南电台星期天特别节目半年来的实践所印证了的。

这里所说的人情味，是指节目中体现的人际关系真善美的意味。首先，这种意味应当融于节目内容之中。《潇湘晨钟》节目中的《特快家信》专栏，专门播发听众给亲友写的富有人情味并具有一定典型内容的家信。其中有女儿写给母亲、儿子写给后妈、丈夫写给妻子、弟弟写给哥哥的家信。信中的真情实意，都深深打动了听众的心。《潇湘晨钟》节目中《七彩人生》专栏的"我的人生我的路"征文，不少内容都有很浓的人情味，许多听众收听后都为之动情。这些体现着人世间真善美的节目内容，播出后无论对于稿件作者还是对于听众，都可以起到一种使人的道德、情操得到升华的作用。娄底市一名青年听众来信说："收听你们的星期天特别节目，不只是过了一个愉快的星期天，还能学到一些知识和人生哲理。我高考落榜后感到很空虚和苦闷，是你们的节目使我重新感受到了生活的乐趣。"

以主持人形式播出的广播节目，要加深节目的人情味，另一个重要的方面，就是节目主持人要将浓郁的人情味融于自己的情感之中。当然，这不能是矫揉造作的虚情表露，而应当是真情实感的自然流露。比如，在今年2月26日的《潇湘晨钟》节目中，主持人刘连、潘骏谈到了农村青年彭影的一封来信。这封信描述了他家的自然环境，并说他在家除了父母、妹妹之外，最好的朋友就是收音机。介绍了信中写的这些情况后，主持人潘骏说："彭影，你现在正收听我们的节目吗？要知道，在遥远的地方，群山环抱之中有一幢小屋，屋子里有一个男孩正在聚精会神地收听我们的节目，我们的心情是无法用言语来形容的。彭影，有机会我和刘连来你家坐坐，你欢迎吗？"这自然而真挚的话语，无论是对写信者还是其他听众来说，都使人感到亲切、朴实，具有感染力。

当然，要加深广播节目的人情味，必须避免那种多愁善感的色彩，要努力将人情味与时代感结合起来。在今年2月5日即大年三十播出的星期天特别节目中，《潇湘晨钟》播送了三篇反映母女情、婆媳情、兄弟情的家信。这些信的内容，触及了在今天的时代，如何沟通两代人的心灵、如何处理好婆媳关系、如何熔炼兄弟间的情操等问题。谁又能说，这不是社会主义精神文明建设中的重要问题呢？《东西南北》节目，播出了节日之际不能与亲人团聚的武警战士、列车员、营业员对亲人的录音祝福，比较突出地体现了浓郁的人情味和强烈的时代感的统一。

启示之四：增强欣赏性

广播是利用电波和声波传播的现代化工具。听众打开收音机的一个重要目的，是追求声韵美，满足自己对声音的美感要求。具体来说，就是要欣赏比较好的艺术作品尤其是音乐作品。

湖南电台星期天特别节目的方针之一，是加强节目的娱乐性，这也正是为了不断满足听众的欣赏需要。《欢乐星期天》节目开辟了《文化广角镜》、《流行歌曲排行榜》、《星期天幽默》和《文学长廊》等专栏，加强了艺术欣赏性的内容。《东西南北》节目也辟有《与你同乐》、《湘江唱晚》等专栏。不少听众对这些专栏，有着浓厚的欣赏兴趣。许多听众来信说，尽管星期天特别节目时间较长，就是放下其他的事，也要收听。有些农村听众的来信更有意思：一到星期天就希望下雨，因为下雨不必外出干活，可以在家里收听星期天特别节目。吸引这些听众的一种重要因素，就是星期天特别节目的欣赏性。

要增强广播节目的欣赏性，以吸引更多的听众，节目主持人和编辑，应当努力让听众欣赏到最新的最流行的品位较高的艺术作品。《欢乐星期天》播送的诗歌、散文和报告文学，都尽量采用最新的资料。同时，这个节目还借鉴港台电台的经验，定期在听众中开展"流行歌曲排行榜"活动。由听众评选出大家最喜爱的流行歌曲，然后在节目中播放。这样做，既实现了听众参与节目的愿望，又满足了听众的欣赏要求。

在办广播板块节目的过程中，满足不同层次听众的欣赏要求，是一件很不容易的事情。但是，广播板块节目在这方面，比较其他类型的节目，有着更大的灵活性。这里最重要的，是节目主持人和编辑，要认真体察不同层次听众的欣赏兴趣，不能简单地凭自己的个人爱好来选择有关资料。湖南电台星期天特别节目，在安排欣赏性的内容时，尽量做到品种多样，但是仍然难调众口。一些听众反映，星期天特别节目的通俗歌曲多了些，而民歌和其他品种的文艺作品偏少。这个意见是值得重视的。总之，增强广播节目的欣赏性，要顾及大多数听众的要求、兴趣和鉴赏能力。这样，才能更好地使广播节目离听众更近一些。

（本文原载于湖南《声屏学报》1989 年第 2 期。）

理论广播节目如何走出新路子？

广播电台作为党、政府和人民的喉舌，应当有理论性的专题节目。我省除省台办有《学习和思考》节目之外，不少市台甚至县台站，都办有类似的节目。在广大读者、听众、观众呼唤新闻改革的今天，理论广播节目这朵花能不能吐出新的芬芳？能不能有它自身新的特色？理论广播节目的前途在哪里？理论广播节目的路子应当如何走？要弄清这些问题，我以为重要的是，要找准办好理论广播节目的出发点。

一、是从书本书斋出发，还是从实际生活出发？

理论广播节目的宗旨，是宣传马克思主义和其他正确的社会科学知识。然而，今天的时代是改革的时代，人们需要的是活生生的马克思主义和新鲜、丰富、有益的社会科学知识。同时，改革使我们的生活不断变化发展，显得五彩缤纷。因此，同是宣传马克思主义，这里就有一个从书本书斋出发还是从实际生活出发的问题。

我们有些从事宣传工作的同志，也懂得理论联系实际的道理。但是，一个突出的问题，就是习惯于并热衷于从书本出发到生活中来找例子，而很不善于将生活中的现象上升到理性的高度进行分析和归纳。一说要宣传马克思主义的基本理论，就拟定哲学或政治经济学方面的几十个选题；一说要宣传上级的文件精神，就计划办一个几十讲的讲座。这些选题和讲座稿，除了重复书本上和文件上的道理之外，就是从生活中找几个例子作为"佐料"掺在其中。绝大多数听众对这种"观点加例子"的旧的模式，早已不感兴趣。这就要求我们办理论广播节目的编辑，要学会从实际生活出发，走"事实出观点"的路子。

是"观点加例子"，还是"事实出观点"，这不单是逻辑学上的演绎方法和归纳方法的问题，而且是我们如何运用马克思主义认识论来指导办好理论节目的问题。我不反对理论广播节目姓"理"的说法。问题在于，"理"从何来？是从书本上来，还是从实际生活中来？是拿书本上的"理"，到生活中找一点例子，以填满节目时间，还是经过对实际生活客观事实的分析、结合、探讨，得出新的"理"，以给听众一点启示、一点收获？这就是办理论广播节目完全不同的两种出发点。改革在不断深化。人们的实际生活中有许多问题，需要在理论上得到解答。也只有从实际生活中提出问题，然后尽量做到把"理"讲清，理论广播节目才会受到社会的注意，才会引起听众的兴趣。这就是出路所在。

二、是从报刊模式出发，还是从广播特点出发？

长期以来，对一些理论广播节目，听众觉得不生动，而编辑又觉得难以办活。为什么？一个重要的原因，就是理论广播节目没有脱离报刊模式的影响。

我们有的同志觉得，既然是理论节目，就得有几篇像样的理论文章，就得有几个带理论色彩的小专题。否则，似乎理论节目就不姓"理"了。其实，办理论广播节目，我们既要注意它的理论色彩，更重要的还要注意它的广播特点。理论广播节目，不同于报纸的理论专版，更不同于理论研究机关的理论专刊。它应当根据广播节目的特点，深入浅出、情理并重地向听众传播马克思主义理论。理论广播节目是让人听的，既可以用主持人形式，和听众娓娓而谈哲学、社会科学方面的知识，也可以借用录音通讯的形式，对某些社会问题、社会事件夹叙夹议，从理论上进行一些分析；既可以让编辑就某些大家关心的问题和听众平等地、亲切地交谈，也可以播送一些听众和听众、听众和理论工作者，就某些理论与实践的问题进行讨论和辩论的录音。另外，还可以恰到好处地运用历史的和现实的音响资料（包括音乐资料），编排出既有理论色彩、又有生动活泼内容的理论节目，等等。如果不从广播特点出发，而是播几篇理论文章、排几个理论性的小专题，实质上不过是照搬报刊模式，把报刊上的文章从文字变成声音而已。这怎么能不使听众感到干巴、枯燥呢？

说到广播特点，有不少人认为，注意广播特点，就是做到语言通俗化，让听众听得懂、听得进。其实，这是对广播特点一种粗浅的认识和理解。广播节目的一个重要特点，就是传情。李燕杰的报告在报纸上刊登和在广播中播出，其效果就大不一样。这是因为，口头语言、实况音响、现场气氛，能使听众在情感上得到感染，在情感上产生想象。所以，理论广播节目要注意广播特点，其中重要的就是要做到传情。从而，使听众不仅听得懂、听得进，还要听得有趣。在这里，传情与说理是能够统一的。这种统一，就在于寓理于情、情理并重、入情入理。没有传情的说理，很容易走向说教。而听众当感到你在对他说教时，他是有办法的：扭动调台旋钮或关掉收音机，不听你的！可见，办理论广播节目，不注意广播特点是没有出路的。

三、是从编辑意图出发，还是从听众需要出发？

我这里所说的"听众需要"，不是指那种实用主义的需要，而是指听众中迫切要用理论解释一些实际问题，或者说一些实际问题迫切要用理论予以回答的那种需要。当然，这不仅仅是理论广播节目所要做的。而我们要办好理论广播节目，不能不认真研究"听众需要"。回顾起来，我们有些理论节目，为什么听众不感兴趣？为什么对听众没有吸引力？一个重要的原因，就是办节目只从编辑意图出发，不从听众需要出发。

我们为什么要办理论广播节目？回答很简单：为了在听众中宣传马克思主义。如果还追问一句：为什么要在听众中宣传马克思主义？理所当然的回答是：为了帮助听众运用马克思主义解决实际问题。这后一个回答，才是我们办理论广播节目的真正目的。要达到这样一个目的，这就决定我们要经常准确地了解到，什么是听众的需要。遗憾的是，我们有的编辑在办理论广播节目时，习惯于从自己的意图出发，不大注意掌握或者不大熟悉听众的需要。选题、讲座的题目列了一大串，没有几个是听众所关注、所需要解决的问题。尽管这些题目也可以做文章，这些文章中的道理也可以宣传，但是，因为离听众的需要太远，播出后听众不以为然。

办好理论广播节目，当然要有编辑意图。然而，编辑意图只能根据实际生活和听众的需要而产生。在改革中，许多听众都在思考一些重大的问题，比如：工厂承包责任制如何进一步完善？租赁制的好处究竟有哪些？

在改革中，同样的外部和内部条件，为什么有的单位一蹶不振，有的单位展翅腾飞？如果我们的理论节目，能结合实际，对这些问题作一些生动的、切实的、有分析的解答，一定会引起听众的兴趣。我们也只有把解答这类问题，作为编辑意图，作为办节目的出发点之一，我们的理论节目才有可能走出新路。

（本文原载于湖南《视听业务》1988 年第 1 期。）

《今日论坛》的论

《今日论坛》，是湖南人民广播电台今年新开辟的言论栏目之一。一至三月份，这个栏目收到来稿四百余篇，播出三十来篇。三十比四百，难以说采用率很高。原因何在呢？我作为编者之一，在编稿时感到，许多来稿之所以"落选"，主要原因是在"论"的方面下工夫不够。

《今日论坛》的"论"，有哪些基本要求呢？

一、选择论题，要注意独具只眼

何谓论题？按照逻辑学的说法，论题就是论证过程中提出的所要解决的问题，以及问题解决的结论。为《今日论坛》栏目写稿，只要选准了论题，稿子就成功了一半。这是因为，《今日论坛》要求所选择的论题不仅要有新闻性，还必须对全省人民的思想、工作、生活，有一定的指导性。论题选准了，稿件具备了指导性，其价值也就显而易见了。要选择好论题，着眼于哪里？不少同志喜欢着眼于文件，喜欢着眼于报刊，动不动就来一篇"据报载……"，或者来一篇应景之作。当然，写言论稿需要了解文件精神，也需要掌握报刊动态。但仅仅如此，是不够的。要真正写出分量重、立意新、有独特见地的言论稿，必须着眼于社会生活。在丰富多彩的社会生活里，只要留心观察，善于思索，好的论题并不难找到。比如，前段时期"鼓励消费"提得很响，这方面来稿也收到一些。可是，有两篇来稿却别有见地。一篇题为"鼓励消费不是允许铺张浪费"，另一篇题为"不能用公款鼓励消费"。这两篇稿件很快就被采用了。这说明，要做到选题既准又新，在观察生活时独具只眼，是至关重要的。

二、确定论点，要注意画龙点睛

论点，是言论三要素的重点。它如同龙的眼睛一样，起着点明主题、表明旗帜的作用。画龙不点眼睛，龙就很难活起来。言论的论点不明确，就很难产生启发听众的作用。当然，许多作者也知道"画龙"必须"点睛"。问题在于，同是一条龙，在不同的空间位置，可以有不同的形态，"点睛"就必须要恰到好处。比如，有位作者在一篇来稿中先写了这样一件事：一名重点大学的毕业生，被分配在一家工厂当了描图员。大学生做中专生的工作，说明这家工厂积压了人才。如果由此提出一个"要提倡人才交流"的论点，也未尝不可。但是，这样的"点睛"就难免一般化了。作者是怎样"点睛"的呢？他笔锋一转，谈到了当前中专生与大学生比例失调的问题，尖锐地提出了"不可忽视中等职业教育"的论点。这样，运用很平常的材料，得出了新的见解。可见，言论稿的"点睛之笔"点在不同的地方，其分量、作用是大不相同的。构思一篇言论稿件，不可不琢磨一下"点睛"之笔。

三、组织论辩，要注意以理服人

《今日论坛》的来稿，不少是一事一议的。有"事"有"议"，重点在于"议"。"议"就是论辩，论辩就要分析，分析就要讲清道理，而道理必须使人信服。许多作者以为此类稿件篇幅要求短，论辩就可以少费笔墨，其实是一种误解。因而，不少稿件在举了事例之后，不注重论辩。议论了几句，或是不痛不痒，或是无关宏旨，或是几句套话，很难有自己的真知灼见。实际上，《今日论坛》作为个人署名的言论栏目，作者在稿件中完全可以轻松地、生动地发表一些具有个人特色的见解，也就是用"自己的话"来讲清一个道理。遗憾的是，许多稿件中论辩的话不是"似曾相识"，就是离题甚远的几句大话。这样，就难以做到就事论理、以事明理。所以，我们写稿时应注重在论辩上下气力，讲求语句的逻辑力量。《今日论坛》稿在篇幅上要求短。短，仍然需要讲清道理。

（本文原载于《湖南广播电视通讯》1985 年第 2 期。）

《今日论坛》的新闻性

湖南人民广播电台的《今日论坛》，顾名思义，就是"今天发表言论的地方"。是"今日"，不是"昨日"、"前日"。这样就提出了一个问题：《今日论坛》稿件，必须有较强的新闻性。当然，许多作者能较好地把握这一点。但是，也有不少作者对这一点注意不够。因此，有对这个问题议一议的必要。

《今日论坛》稿要有新闻性，这是由新闻言论的性质和作用所决定的。新闻言论作为新闻机构的旗帜，它的作用就是及时地、旗帜鲜明地对各种新闻事实表明自己的立场和看法，从而引导舆论，宣传党的路线、方针和政策。《今日论坛》作为广播言论的一种，其性质和作用也应当如此。它必须紧紧抓住某一种或者某一方面的新闻事实，讲清一个道理，才能发挥自己的作用，也才能具有生命力。如果说，消息、通讯是对新闻事实的叙述，那么，新闻言论则是对新闻事实的说理。《今日论坛》离不开新闻事实。它也要求所议论的新闻事实必须具有一定的新闻价值。这也正是它与文艺评论、一般的理论文章的根本区别所在。实际上，也只有突出了新闻性，《今日论坛》才能与现实生活、与人们的思想联系更为紧密，从而尽可能地说出"人人想说而没有说出"的话，提出"人人看到而没有想到"的问题。

当然，《今日论坛》稿只是广播言论稿中的一种，多是一事一议的形式。从形式上讲，它不同于本台评论（相当于报纸社论）、评论员文章、短评。从写法上讲，它因为多是个人署名，完全可以活跃一些、轻松一些。因此，从内容上讲，它所议论的新闻事实必须有所选择。或者换句话说，《今日论坛》的新闻性，应当有其特定的内容。《今日论坛》稿要抓住新闻事实论理。但是，一方面，并不是可以抓住任何新闻事实来论理；另一方面，也不是任何客观存在的事实都可值得由它来论理。比如，在来稿中，有的论述抓紧秋种、冬种的重要性，有的论述要如何重视计划生育工作，还有的则谈论如何用新观念来发展乡镇企业。这些问题，不能说不重要，也不能说没有新闻性。但是，如果要发议论，我看应当用本台评论或评论员文章的形式，《今日论坛》是很难包含其中的容量的。

有的同志可能会提出：既然《今日论坛》要抓住新闻事实来论理，是不是可以围绕已发表过的新闻来写言论稿呢？这当然也未尝不可。《羊城晚报》的《街谈巷议》专栏，《新民晚报》的《今日论语》专栏，都常发表这类言论稿。但是，这类稿件往往要求及时，同时要求从新闻报道中发现新的新闻价值，以便借题发挥，因而编辑写得较多。另外，一般来说，新闻都含有某种主题思想。如果再写一篇言论稿，没有新的角度，只是把主题思想重复一遍，则很难说这篇言论稿有多少新闻性，弄不好则是画蛇添足。所以，我认为，要写出新闻性较强的《今日论坛》稿，还是要多注重观察现实生活，善于从各种典型事例、带倾向性的问题中找出新的题目。事实上，《今日论坛》专栏中播出的不少稿件，如《不要"招进女婿冷落了儿"》、《"发财"未必都值得"恭喜"》、《少一点迎来送往》、《好制度贵在坚持》、《不要对新干部设置"包围圈"》等，就是作者在生活中有感而发写出来的，因而具有较强的新闻性，能给人一些启示。由此可见，要写出新闻价值较高的新闻，必须熟悉、了解实际生活。要写出新闻性较强的《今日论坛》稿，也同样如此。

（本文原载于《湖南广播电视通讯》1985 年第 5 期。）

协商对话制度与广播电视传播

党的十三大提出建立社会协商对话制度以后，各地普遍开展了不同类型的对话活动。其中许多层次较高、内容较丰富的对话，不仅具有新闻价值，而且具有更深刻的社会意义。作为新闻工作者，尤其是作为广播电视工作者，如何看待协商对话制度的社会意义，如何看待协商对话制度与广播电视传播的关系，如何看待协商对话制度对广播电视提出的时代要求，如何看待广播电视在建立协商对话制度中的地位、作用和责任，这是我们必须认真加以思索的问题。弄清这些问题，对于我们充分发挥广播电视的作用，以促进社会协商对话制度的形成、完善和发展，加快社会主义民主政治建设的进程，无疑是有积极意义的。

一、人民群众通过广播电视参与社会协商对话，这是对当代生活高层次的参与

近几年来，随着改革开放的发展，广大听众、观众对广播电视兴起了一股参与热。从电台、电视台设置"听众信箱"、"观众信箱"，到听众、观众直接参加电台、电视台的座谈辩论会；从部分听众、观众自发地零星地评议电台、电视台的节目，到电台、电视台在听众、观众中组织专门节目评议员；从一般的广播电视现场报道，到邀请听众、观众参与广播电视专题节目活动。这些做法，都极大地改变了以前广播电视节目那种单调、呆板、生硬的状况，拉近了广播电视与听众、观众的距离。

然而，听众、观众对广播电视的这种参与，就大部分内容而言，是对广播电视节目的一种反应，是广播电视节目接近群众、接近生活的一种体现。这种参与，其目的主要在于办活办好广播电视节目，增强节目的可听性、可看性。因此，相对而言，这种参与是较小规模、较低层次的参与。

在这个基础上，当人民群众通过广播电视来进行社会协商对话活动之时，也就是协商对话制度与广播电视传播紧密联系之际。人民群众的这种参与，其意义远远超出了活跃广播电视节目的范围。人民群众通过广播电视开展协商对话，主要目的在于表达自己参政、议政的意愿，发表自己对国家大事的意见、建议和要求，以体现国家主人翁的精神。而广播电视作为现代化的宣传工具，影响面广，传播速度快，能显示现场音响和画面，则能普遍地、集中地反映人民群众在协商对话中所表示的意愿。因而，人民群众以协商对话的形式，来参与广播电视的传播，其重大意义就在于：能有力地促进社会主义民主政治的建设。也正是从这个意义上讲，这种参与，是较大规模和较高层次的参与。随着广播电视在更大范围内的普及，随着人民群众通过广播电视进行协商对话的积极性的高涨，这种参与的社会意义，将会更为深远。

从另一方面看问题，广播电视有选择地、集中地、突出地传播有关协商对话活动的实况，又对广大干部和群众参与社会主义民主政治建设，提出了新的和更高的要求。广播电视作为新闻宣传工具，要求所传播的协商对话活动，必须有新闻性和导向性。这样，也就要求干部和群众，必须就那些事关全局、迫切需要解决的问题，进行协商对话，真正做到"重大情况让人民知道，重大问题经人民讨论"。另外，广播电视作为社会舆论工具，能够从舆论上起到一种监督作用。无论是纵向的即各级领导机关和群众的对话，还是横向的即各群众团体之间的对话，一经广播电视传播，对参加对话的干部和群众来说，就会起到一种督促、激励、推动作用。同时，还会促使进行协商对话的干部群众，考虑如何运用对话形式，来反映和维护好大多数人民群众的利益。这对于全体人民民主意识的增强、民主素质的提高，无疑将起着促进作用。

二、广播电视作为现代化传播工具，是社会协商对话制度的最有效的载体

将协商对话制度与广播电视传播联系起来考察，二者有一个最大的共同点，这就是群众性。协商对话制度，实质上是人民群众民主管理国家的一种制度。而广播电视作为传播新闻和其他信息的现代化工具，已经进入

了千家万户。也正是群众性这个共同点，决定了广播电视在建立和实行社会协商对话制度的过程中，有着一种特殊的作用。而这种特殊作用的发挥，又恰恰说明，广播电视是社会协商对话制度的最有效的载体。当然，各级人民代表大会和党代表大会，以及各种形式的座谈会、恳谈会，也能体现协商对话的形式和内容。但是，广播电视传播速度快、影响面广，因而作为协商对话制度的载体是最有效的。这一点，反过来说，又是由广播电视的特殊作用所决定的。那么，广播电视在建立和实行社会协商对话制度的过程中，其特殊作用主要有哪些呢？

透视作用。通过广播电视传播协商对话活动的实况，就"上情下达"这一点而言，能够扩大各级领导机关党务和政务活动的开放角度。使更多的群众，尤其是基层群众，了解到上级机关的一些重大决策，透视到平时难以知道的国家机关工作人员和各级党组织负责人的工作情况。当然，就某次协商对话活动而言，也能够做到"上情下达"。然而，这种活动是否通过广播电视传播，其开放的角度就有很大的差别。比如，去年4月下旬，天津市人民政府召开市长办公会议，特邀了市人代会各代表团团长和部分人大代表参加。会上，人大代表当场提问，市长当场解答或拍板。这无疑是一种协商对话，也是一种"上情下达"。然而，当天津人民广播电台播出了这次市长办公会议的录音剪辑之后，许多听众感到"犹如坐在市长身边、人民代表的身边旁听会议"，因而社会反响十分强烈。市民通过广播，透视到了市长办公会议的主要内容，这是最广泛的"上情下达"。因此，广播电视能使协商对话活动产生广泛的社会效果，其透视作用是非常重要的。

沟通作用。诚然，各种协商对话活动，就其本身来说，也能够开辟渠道，起到沟通上下左右的作用。然而，由于受到活动本身范围的限制，这种沟通是有限度的。越是层次较高的协商对话活动，越是如此。这就需要广播电视，在更广阔的范围内进行沟通。也只有广播电视这种现代化的工具，才能起到这种广泛沟通的作用。去年12月上旬，湖南省委和省政府的主要负责同志，和省政协委员及各界民主人士进行了一次协商对话。对话时，有关人士从如何加强统一战线工作，到各民主党派机关的办公设施问题，向省委和省政府提出了不少意见和建议，当场得到了解答。显然，这是一种沟通。而第二天，湖南人民广播电台和湖南电视台播出了这次对话的实况录音录像剪辑以后，就把这种沟通从会场扩展到了社会上，许多听众、观众反映较好。可见，广播电视本身传播快、影响大的特点，决定了协商对话活动无论在纵向沟通上，还是在横向沟通上，都能产生更好的效果。

感应作用。广播电视作为新闻舆论工具，在传播社会协商对话活动时，不但能起到透视和沟通作用，而且还能起到一种感应作用。所谓感应作用，就是广播电视在传播某一层次、某一行业的对话活动时，能够对社会的其他层次、其他行业，产生一种诱导、促进、激发作用。从而，使社会协商对话活动，更广泛、更深入、更持久地展开。去年 11 月上旬，湖南人民广播电台在《新闻和报纸摘要》以及《全省联播》节目里，播送了省委副书记刘正和省内部分厂长、经理的对话录音新闻。泸溪县浦市镇的党政负责同志，收听了这条新闻后，受到激励和启发，决定开展和群众对话活动。当他们在浦市中学和师生们进行对话时，了解到这所学校没有校门和厕所基础下沉有倒塌危险的情况，决定拨款 3 万元，解决这两个问题。这实际上是广播的感应作用所产生的社会效果。如果我们注意发挥好广播电视的这种感应作用，有意识、有选择地播发一些层次较高、影响面较广的协商对话活动实况，是有利于尽快建立和完善社会协商对话制度的。

监督作用。如前所说，广播电视的一个显著特点，就是群众性。这个特点，也就决定了广播电视在传播协商对话活动时，能够起到一种监督作用。新闻舆论监督，实质上是一种群众性的民主监督。广播电视作为新闻舆论工具，既要体现党和政府的意图，也要反映人民群众的意愿。而当广播电视与协商对话相联系的时候，则能在更广阔的范围里，及时反映人民群众的要求和呼声，做到"下情上达"。在这个基础上，领导机关能不能代表人民群众的意愿和利益，除了中央的路线、方针和政策以及国家的法律的监督之外，离不开舆论监督。比如，岳阳市政府去年下半年以来，每两月举行一次由基层干部和群众代表评议政府工作的活动。当这种协商对话活动一经广播电视传播开来，自然也就起着一种监督作用。而这种监督，实质上是人民群众的监督，是有助于协商对话活动取得好的成效的。

三、在建立社会协商对话制度过程中，广播电视工作者应当作出开拓性的努力

建立和完善社会协商对话制度，是实行政治体制改革、建设社会主义

民主政治的重要途径。因而，这不是短时期的事情。广播电视作为现代化的大众传播工具，应当义不容辞地在这方面发挥出独特的重大的作用。这就要求我们从事广播电视工作的同志，要从本行业的特点出发，至少在以下几个方面，作出开拓性的努力。

既要提供信息，更要开通渠道。协商对话活动在社会上到处展开以后，广播电视对其中一些新闻价值较高的活动作了报道。然而，这些报道由于新闻节目时间的限制，毕竟只是向听众和观众提供一种信息，许多听众和观众还想进一步了解对话的内容和结局。尤其是对那些较高层次的对话，听众和观众的要求更是如此。这就需要广播电视适当调整新闻篇幅和节目设置，开辟特有的渠道，从心理上将领导机关与人民群众、这部分群众与那部分群众予以沟通。去年12月中旬，在中共湖南省委五届五次全委扩大会议期间，省委常委、组织部长孙文盛和常德地区部分地县负责同志，就党政分开问题，进行了一次座谈对话。孙文盛同志在对话中的一些意见，很有利于安定政工干部队伍的人心。湖南人民广播电台一方面在新闻节目中报道了这次座谈对话的消息，一方面在《学习和思考》节目以及新开辟的《对话和参与》节目中，播发了座谈对话的录音，社会反响比较好。这就说明，在推动社会协商对话活动中，广播电视只提供信息是不够的，还应当利用自身能传播音响、画面的特点，积极开通必要的渠道。

既要单向服务，更要双向交流。在前段的广播电视节目改革中，有的同志提出要增强广播电视节目的服务性，这个方向当然是对的。然而，当广播电视在传播协商对话活动时，只强调服务性是不够的。据有关同志研究，传播按信息流向分类，有单向传播、回应传播、双向传播三种。广播电视为听众、观众服务，在最初形式上，只能表现为单向传播。尽管听众、观众对单向传播有所反馈，也只会发展为回应传播，缺乏双方的交流。而广播电视所传播的协商对话活动，本身就是一种双向传播。这就要求我们的广播电视工作者，在传播这类对话活动时，要尽可能利用广播电视的优势，做到双向交流。这种双向交流，既包括对话活动参与双方之间的交流，也包括编辑、记者与听众、观众之间的交流。双向交流，从根本上说，就要让人民群众有更多的在广播电视中表达自己意愿的机会，就是要使广播电视变以往的自上对下的声音为双向交流的声音。前一时期，广播电视在传播某些对话活动时，往往表现领导干部和编辑、记者的声音较多，而反映人民群众的声音较少。这除了我们某些广播电视工作者受旧的报道模式影响之外，恐怕一个重要的原因，就是某些同志头脑中缺乏双向交流的观念。

既要积极宣传，更要热情引导。实行协商对话制度，对人民群众的政治生活、经济生活和文化生活所产生的影响和带来的好处，已经日益显现出来。广播电视除了要积极宣传实行协商对话制度的社会意义，并开通渠道之外，还有一项重要的任务，就是要对协商对话活动予以热情引导。这种引导，包括两方面的内容。一方面的内容是：广播电视要通过新闻评论和传播一些精心组织、效果很好的对话活动，来引导不同层次的干部和群众，提高协商对话活动的水平和质量，以达到实行协商对话活动的真正目的。另一方面的内容是：广播电视要有选择、有意识地传播一些对话活动，以沟通社会上不同层次的领导机关与群众、群众与群众之间的联系和了解，主动地引导听众和观众对国家和地方的某些大事、某些社会问题，统一思想认识。比如，现在不少地方存在着乘车难、住房难、看病难、幼儿入托难等社会问题。如何认识这些问题存在的原因，如何解决这些问题，如果广播电视带引导性地传播有关这些问题的协商对话活动，是有利于加强人民群众之间的相互了解和理解，有利于维护社会的安定团结的。

既要及时传播，更要声画并茂。要通过广播电视使协商对话制度产生更好的社会效果，这不仅要求广播电视要及时传播一些有影响的对话活动，而且更重要的是，对广播电视节目的编排、制作，提出了新的要求。这种要求总的来说，就是要将新闻和专题节目的编排、制作手法结合起来，使协商对话活动的节目声画并茂，能对听众、观众产生比较强烈的感染力。因此，作为广播电视编辑，不仅要剪辑好对话录音录像的重要内容，还要精心选择好现场音响。而在这方面，无论是从广播来说，还是从电视来说，都是做得不够的。有的广播节目，一句播音员的解说连一段录音，使"对话"变成了"座谈"。有的电视节目，则是播音员的解说，伴对话现场镜头"扫描"，使生动的"对话"变成了"会议新闻"。这种简单的处理，没有现场音响，没有现场气氛，不能不使观众感到十分遗憾。所以，通过广播电视积极促使社会协商对话制度的建立和完善，努力改进广播电视的编排和制作方式，也是必须引起重视的一个问题。

（本文原载于湖南《声屏学报》1988年第1期。）

论青年干部的理论准备

党的十一届三中全会以来，一大批中青年干部，走上了各级领导岗位。这是我们党的事业兴旺发达的标志。然而，我们也应当注意到这样一种状况：中青年干部走上领导岗位以后，不少领导班子的文化水平提高了，马克思主义理论水平却没有得到相应提高。造成这种状况的原因，一方面是一些中青年干部由于担负繁忙的改革和建设任务，很少钻研理论问题；另一方面，就是有关部门在选拔、培养青年干部时，忽视了理论准备方面的要求。因此，为了保证我们的事业沿着马克思主义的轨道向前发展，为了从根本上扭转一些领导干部马克思主义理论水平偏低的状况，我们必须从现在开始，对青年干部的理论准备这个问题，予以足够的重视。

一

青年干部的理论准备，实质上是指青年干部在担负某方面领导职务前后，所具备的一定的马克思主义理论水平。这种理论水平，与他所将要担负的领导职务，应是基本上相适应的。要做到这一点，当然需要读一些马克思主义的基本著作。但这并不是说，只要读了一些马克思主义的理论书籍，懂得了一些马克思主义理论知识，就算有了比较充足的理论准备。我以为，对青年干部的理论准备，至少应当从以下几个方面加以考察和认识。

首先，从理论知识的量和质的关系来看，青年干部的理论准备，不仅应表现为要读一定数量的马克思主义原著，更重要的是应表现为要准确掌握马克思主义的立场、观点和方法。如果说读马克思主义的原著是一定的量，那么，掌握其中的立场、观点和方法就是一定的质。没有读多少原著，就很难谈得上掌握马克思主义的理论体系，也就达不到一定的质。反过来说，如果读了一定的原著，却没有质的飞跃，对其中的理论体系不甚懂得，这种量是没有多少实际意义的。这样，尽管原著读得再多，也谈不上有理论准备。这是因为，马克思主义的原著，都是在特定的历史条件下写成的。每本原著，都有特殊的时代印记。但是，其中的基本观点、原理却是相互统一、相互联系并有所发展的。只有把这些基本观点、原理之间的联系和发展弄明白了，才能说得上读懂了原著。比如，要了解科学社会主义学说的体系，当然必须读《共产党宣言》、《哥达纲领批判》、《社会主义从空想到科学的发展》、《国家与革命》、《论十大关系》等原著。然而，由于这些原著都有着不同的历史时代背景，并且其中的一些基本观点既是联系的，又是发展的，所以，只有把原著中的观点联系起来进行分析、理解，才能把握好科学社会主义学说体系的实质。

其次，从理论与实践的关系来看，青年干部的理论准备，不仅表现为弄懂了马克思主义的基本原理，更重要的是应该表现为具有灵活运用这些基本原理的实践能力。理论是从实践中来的。然而，理论只有反作用于实践即指导实践，才具有一定的意义，发挥一定的作用。马克思主义理论是从共产主义运动实践中产生的。它存在的全部价值，就在于反过来指导共产主义运动实践。青年干部不能是只重理论不重实践的空谈家，也不能是只重实践不重理论的鲁莽家，而应当是善于运用理论指导实践的实干家。因而必须具有运用马克思主义基本原理指导当前实践的能力。从用理论指导实践的过程来看，是从一般到个别，从抽象到具体。再从实践本身的过程来看，个别的、具体的事物是丰富多彩、千变万化的。所以，运用理论指导实践，必须是灵活的。作为青年干部，如果缺乏灵活运用马克思主义基本原理指导实践的能力，那么，他的理论准备就还停留在书本阶段，至少可以说他的理论准备是不完备的。

第三，从马克思主义理论的继承和发展的关系来看，青年干部的理论准备，不仅应表现为比较熟悉马克思主义创始人的理论，更重要的是应表现为具有发展马克思主义理论的创新能力。马克思主义哲学的辩证否定规律告诉我们，世间一切事物都有一个自我继承、自我突破、自我更新的发展过程。马克思主义理论本身也是如此。随着共产主义实践的发展，马克思主义理论也必然要向前发展，其中包括某些基本原理被新的原理代替的突破性发展。这也正是马克思主义的生命力所在。这种发展的任务，历史地落到青年干部肩上。当然，不能要求青年干部都成为马克思主义理论家。但是，他们应当努力是马克思主义政治家和战略家。这样，他们就不仅在政治上，而且在思想理论上，真正担负起继承和发展的历史责任。

青年干部作为一种后备力量，其理论创新能力不可能一下子充分显示出来。但是，按照思维规律的要求看问题，一个人的理论创新能力，是受他的抽象思维能力所制约的。而这种抽象思维能力，又集中表现为思维深刻性的程度如何。所以，青年干部的抽象思维能力，与他的理论准备是密切联系着的。理论准备，实质上是思想素质的一个重要方面。抽象思维能力，则是思想素质的重要基础。作为青年干部，只有一方面熟悉马克思主义创始人的理论，一方面又具有思维的深刻性，才能谈得上具有严格意义上的理论准备，才能在今后充分发挥出理论创新能力。

二

青年干部，是党政各级领导班子的后备力量。他们的理论准备程度怎样，直接关系到今后党的思想理论建设，进而势必影响今后党的路线、方针、政策的制定和执行。因此，我们必须充分认识到做好青年干部理论准备方面的工作，对于加强干部队伍建设、对于党的事业的连续发展、对于搞好当前改革和建设，所具有的重要意义。

做好青年干部的理论准备工作，有利于培养大批德才兼备的优秀中青年干部。根据新的历史时期用人的特点，我们党制定了干部"四化"标准。其中的"革命化"，就是"德"的主要内容。而"革命化"包含的几种因素，又主要是思想素质、政治素质和道德素质。我们这里所说的理论准备，实质上是指思想素质，它决定着干部的人生观和思想方法，因而是政治素质和道德素质的基础。一名干部如果达到了知识化和专业化的标准，却缺少必要的理论准备，即思想素质比较差，那就会没有正确的人生观和正确的思想方法，是很难把所担负的工作做好的。所以说，必要的理论准备，也是知识化、专业化的基础。

邓小平同志曾经说过这样一段话："要在坚持社会主义道路的前提下，使我们的干部队伍年轻化、知识化、专业化，并且要逐步制定完善的干部制度来加以保证。提出年轻化、知识化、专业化这三个条件，当然首先是要革命化。所以说，要以坚持社会主义道路为前提。"坚持社会主义道路，是革命化的主要标志。而对于一名干部来说，能否坚持社会主义道路，既是他的政治素质的表现，也是他的思想素质的表现。坚持社会主义道路，既要有政治上的原则性，又要有思想上的深刻性。如果没有一定的理论准备，就会在思想上成为盲人瞎马，以致对社会主义道路辨认不清，甚至误入歧途。所以，作为青年干部，只有不断提高理论准备程度，再加上知识化和专业化，才能真正谈得上"德才兼备"。

提高青年干部的理论准备程度，有利于保证我们的事业连续向前发展。共产主义的实践，从它开始的第一天起，就受着先进理论的指导。实际上，马克思主义的经典作家们，历来就非常重视党的干部队伍的理论准备问题。1898 年前后，列宁在领导创建俄国工人阶级政党的时候，就严厉批判了"经济派"降低社会主义意识和社会主义理论的作用的观点，提出了"没有革命的理论，就不会有革命的运动。……只有以先进理论为指南的党，才能实现先进战士的作用"的思想。在中国革命的进程中，由于历史的原因，许多同志最初加入革命队伍时缺少理论准备。但是，党的领导人毛泽东、刘少奇等同志，一直十分注重党的理论建设。也正是在 1942 年的延安整风运动中，党的干部队伍尤其是中青年干部，大大提高了理论准备程度。从而，在思想理论上，为抗日战争和解放战争的胜利，奠定了坚实的基础。中国革命的历史证明，中青年干部的理论准备，与革命事业的连续发展，关系极大。

当前，我们正处在社会主义现代化建设的新的历史时期。把我们的事业作为一个连续发展的过程来看，这个新的历史时期只是社会主义的初级阶段。这个时期，一方面与过去的历史相衔接，一方面又必须向社会主义高级阶段过渡。但是，如何完成这个过渡，需要我们从实践上和理论上进行许多新的探索。历史已经要求我们，对这个阶段的许多问题，从理性认识的高度上作出正确的回答。青年干部的理论准备程度提高了，将有利于探索这方面的正确答案，有利于从社会主义初级阶段向高级阶段的过渡。

青年干部的理论准备工作做好了，还有利于加快当前改革和建设步伐。我们的改革和建设，是在探索中前进的。如果理论准备不足，就会对一些问题看不清、拿不准。比如，有一时期，"有奖销售"、"送红包"、买空卖空的"皮包公司"在一些地方盛行。而我们有的同志却又不辨是非，归根到底，就在于理论准备不足。同时，在改革和建设中，将会不断出现新的经验、新的事物，需要制定新的政策，这都需要从理论上认真加以认识和总结。实际上，改革和建设作为社会主义的实践，已经向我们提出了不少问题。比如，我们在经济体制改革中，认识到了社会主义经济是有计划的商品经济。那么，我们的工作重点是放在"计划"上还是"商品"上？在企业的经济活动中，经济手段与思想政治工作的关系，怎样才能处理得协调？物质文明建设与精神文明建设要同步进行，如何因时因地把握其中的侧重点？当然，这些问题，有的需要理论家来回答，但是都与领导者的工作密切相关。青年干部将逐步走上各级领导岗位，也不能回避这些问题。这就需要他们在走上领导岗位前后，具有相应的理论准备。有了这个条件，在他们面临诸如此类问题的时候，才能既在宏观上深思熟虑，又在微观上得心应手。从而，把自己所担负的改革和建设的工作，顺利推向前进。

三

从目前情况来看，青年干部中的绝大多数同志，都具有一定的马克思主义理论基础知识。特别是去年党的全国代表会议，号召全党都要注重学习马克思主义理论之后，许多同志增强了理论兴趣，提高了理论学习的自觉性。但是，从时代的要求来看，青年干部的理论准备状况，与他们即将担负的实际工作的需要，还有一些差距。这可以从以下几个方面具体分析。

一种状况是，某些同志缺乏对马克思主义理论的系统学习，因而理论知识比较零碎，对一些基本理论一知半解。这些同志，主要是以自学的方式来学习马克思主义理论的。他们经过"文化大革命"的动乱，早期所学的理论实质上带有"左"的色彩。在拨乱反正的过程中，他们也明辨了一些理论是非。后来，他们通过各种途径达到了大专以上文化水平，理论知识却缺乏条理性和完整性。他们有时也能将某些问题上升到理论的高度来认识。但是，他们在实际工作中，断想往往多于联想，经验的模式往往多于理论的自觉性。因此，这些同志的理论准备，有待于进一步系统化。

另一种状况是，某些同志把马克思主义理论知识与专业知识割裂开来，认为只要有了专业知识，有没有马克思主义理论知识，都能做工作。因而，有意或无意地以自己的专业知识来取代马克思主义理论学习。这种现象，在那些先是从事一定的专业工作，后来又担任一定的领导职务的中青年干部身上，表现得比较明显。文化水平比较高，理论水平比较低；业务能力比较强，领导艺术比较差；专业知识比较丰富，思想方法比较简单，是这些同志突出的特征。他们由于有专业知识，因而在处理某些具体业务问题时，显得在行，处理得体。他们由于缺少理论知识，因而在宏观决策、战略布局、人际关系的处理上，常常暴露出自己的弱点。这种在实际工作中表现出来的不平衡性，是他们缺乏马克思主义理论准备所造成的。这些同志只要不断加强马克思主义理论修养，尤其是将马克思主义的科学思维方法与专业知识有机地结合起来，经过实际工作锻炼，他们中间一定会涌现出不少优秀的领导人才。

还有一种状况是，某些同志从书本上学到了一些马克思主义理论知识，由于长期脱离实际，或者深入实际较少，因而缺乏运用理论解决实际问题的能力。这种状况，多见于蹲在机关时间较长的青年干部。他们对上面的精神知道得比较多，也可以比较熟练地用马克思主义的基本理论来解释上面的某些方针、政策。然而，他们对下面的真实情况却知道得比较少。如何因地制宜、因时制宜地执行好上面的某项方针、政策，他们往往提不出切实可行的办法。在他们那里，理论与实际之所以难以沟通，根本的原因，在于缺少一座桥梁——实践。因此，这些同志只要深入实际工作，经受一个时期的锻炼，就会不断提高自己运用理论解决实际问题的能力，从而丰富其理论准备的内容。

当然，我们还应当注意到这样一种状况，某些同志一方面十分重视马克思主义理论的学习、研究，一方面又善于从实际工作中总结经验，及时地上升到理性的高度来正确认识。因而，他们将理论与实际结合得比较紧密，在实际工作中敢于思考新问题，敢于创新。尤其是在改革中，头脑比较清醒，方向比较明确。比如，前段时期不少地方大搞"有奖销售"和"送红包"，有些干部就坚决抵制了这种做法。同时，他们又大胆提出了一些改革措施，稳妥地推进了所担负的一个方面的工作。诚然，目前青年干部中这类干部的数量不是很多，但随着学习马克思主义理论风气的兴盛，随着改革的逐步深入，这类干部一定会越来越多。

四

重视青年干部的理论准备，各级党委和有关部门，主要应做好以下几个方面的工作：

第一，党委和组织、人事部门考察青年干部时，要把理论准备是否充分，作为革命化标准的主要内容。我们有的同志在理解和掌握革命化标准时，往往只考虑到政治素质和道德素质方面的问题，而忽略了思想素质方面的问题。比如，由于历史造成的原因，这几年我们考察干部十分注意"文化大革命"中的表现。这当然是非常重要、完全必要的。不过，"文化大革命"中的表现，毕竟只是干部政治素质方面的反映。因此，我们不能认为某个干部在"文化大革命"中没有问题，就达到了革命化的标准。我们还应当考察他的思想理论素质方面的情况。在某些问题上，干部的政治素质、道德素质和思想素质是密不可分的。我们应力求做到全面考察。比如，干部对待党的十一届三中全会以来的路线、方针和政策的态度，就反映着干部的政治素质和思想素质。我们在考察时，不仅要了解干部的政治原则立场，还要了解他是怎样在思想理论上来认识、理解党的路线、方针和政策的。这样，将思想素质与其他素质同时进行考察，就能如实地掌握其理论准备的状况，以便在选拔干部时全面地坚持革命化的标准。

第二，将青年干部下放基层锻炼时，要着眼于提高他们运用理论解决实际问题的能力。这几年，青年干部挂职下放锻炼的比较多，确实也锻炼了不少领导人才。但是，由于他们是限期挂职下放锻炼，绝大多数都是担任副职，基层单位的同志往往把他们当做"客人"看待，他们中有些同志也有"临时镀金"的思想。在运用理论解决实际问题方面，上级有关部门也极少给他们压担子、出题目。这样，他们中一些同志的理论准备，也就很难说充实了多少。为了较快地提高青年干部运用理论解决实际问题的能力，在组织青年干部到基层任职锻炼时，应同时将户口、粮食和工资关系都转到任职的地方。这样，有利于使他们真正安下心来干一番事业。另外，还要让他们在一个地方担任正职。这样，有利于他们较多地从全局上、战略上考虑和部署工作，真正从理论和实际的结合上尽快提高自己的工作能力。在他们经过一段时期的锻炼，确实在理论准备方面比较充实了，又在实际工作经验方面比较丰富了，再予以选拔、任用。

第三，有关部门要组织青年干部，经常对自己的工作进行理论总结。学习马克思主义理论的目的，是为了在实际工作中予以运用，以把工作做好。在做工作的过程中，又会产生许多新的感受、新的经验，又有必要从理论上加以认识和总结。从提高理论水平的意义来讲，这也就是从认识到实践、再从实践到认识的过程。而这种过程，对于青年干部充实理论准备，是必不可少的。这就需要青年干部，及时地将自己工作中的失误和成绩、教训和经验，上升到理论的高度予以总结。遗憾的是，这种理论总结，在青年干部中是不够普遍的。为了改变这种状况，有关部门可以有计划、有目的地组织这类活动。尤其是当前改革正在深入，许多新问题、新情况、新经验都有待于提到理论高度来总结。这样做，对于青年干部充实理论准备，是大有裨益的。这样，不仅能够增强青年干部的理论修养，还有利于在干部队伍中造成学习马克思主义理论的良好风气。

第四，党校、干部培训班在培训青年干部时，要改革教学内容和教学方法。要提高马克思主义理论准备的程度，主要靠结合实际认真学习马克思主义的经典著作。这种学习，一方面是青年干部在本职工作岗位上坚持自学，另一方面就是党校、干训班要加强对青年干部的理论教育。但应根据社会主义现代化建设的客观需要，在教学内容和教学方法上作一些改革。现在，一些党校、干训班的马克思主义基础理论课的内容，大都还是五十年代、六十年代教科书的程式，与今天的实际联系比较紧密的内容不太多。实际上，党的十一届三中全会以来，我们党在马克思主义理论的许多方面都有所发展。在理论教学中，应当比较系统地注入这些新的内容。另外，在今天的世界，不断出现了许多新的学科。这些年来，已经出现了系统论、控制论、信息论，现在又出现了耗散结构论、协同论、突变论等"新三论"。这些新的理论观念，不少是哲学、社会科学与自然科学之间的边缘性学科。马克思主义理论与这些新学科是什么关系？这是青年干部的理论准备所必须具备的内容。党校、干训班在理论教学过程中，是不能避开这样的内容的。

教学方法的改革，目的是为了让青年干部在较短的时间内，从感性和理性的结合上，尽快地、灵活地、熟练地掌握所学理论的精神实质。现在，不少地方正在这方面探索新的方法。比如，上海市委组织部在举办后备干部训练班时，就采取了静态考核与动态考核相结合的办法。所谓静态考核，主要侧重于考核学员的每一个单项能力素质指标，然后作出定量评价。所谓动态考核，主要侧重于考核学员的综合能力素质指标，然后作出全面性的评价。这里的"动态"，包括学员与学员之间的联系，学员与外界理论、经济活动之间的联系。采取这样灵活的教学方法，有利于尽快提高学员的理论素质和其他方面的素质。当然，教学方法的改革是多种多样的。但是，无论怎样改革，都是为了让学员学得懂、记得住、用得上，从实质上提高其理论准备的程度。

青年干部是我们事业的希望所在。只要各级党委和有关部门，切实重视青年干部的理论准备工作，严格按照干部"四化"标准选拔人才，就一定会涌现出越来越多的德才兼备的干部。这样，我们的事业就像长江流水那样，源源不断，一往无前。

（本文原为1986年4月中共湖南省委组织部召开的湖南省第三梯队建设理论讨论会入选论文，收入中共湖南省委组织部编辑的《第三梯队建设理论初探》一书。1986年6月19日《湖南日报》摘发了文中部分要点。论文原题为《论第三梯队干部的理论准备》。编入本书时，将文中的"第三梯队干部"改为"青年干部"，其他文字未变。）

领导干部也要增强公民意识

增强社会主义的公民意识，是健全社会主义法制社会的必然要求，也是社会主义精神文明建设的重要内容之一。全社会公民意识的增强，有利于提高全民族的思想道德水平，必将有力地促进社会主义民主和法制的建设，从而提高整个社会的精神文明建设程度。这里需要重视的一个重要问题，就是增强社会主义的公民意识，不仅是普通老百姓的事情，也是各级领导干部不可忽视的根本要求。

一、领导干部增强公民意识，是维护宪法所规定的权利和义务的职责所在

公民，作为一个法律概念，是指取得某一国家国籍的人。既然具有一定国家的国籍，就必须按照国家宪法的规定，享有一定的权利和履行一定的义务。所谓公民意识，也就是指公民享有国家宪法规定的权利和履行国家宪法规定的义务的主观自觉性。我国作为社会主义国家，宪法所规定的公民权利和义务是十分明确的。自觉按照宪法所规定的权利和义务来参与社会生活，自觉遵纪守法，自觉遵守社会公德，这是每个公民其中也包括各级领导干部应尽的社会职责。

领导干部作为我们国家的社会成员，从法律意义上讲，他们既是国家机关工作人员，同时也是公民；从社会意义上讲，他们是人民公仆。然而，正因为领导干部在法律上具有国家机关工作人员的身份，致使他们中间有一些人，往往只把自己看做是国家各级权力机关的代表，而忘记了自己是人民的公仆，也就忘记了公民的基本权利和基本义务。他们中的少数人，甚至贪赃枉法、滥用权力，践踏公民的权利和背弃公民的义务，做出违反国家法律的事情，败坏国家机关工作人员的声誉。因此，领导干部所处的社会地位，并不能说明他们与生俱来就具有较强的公民意识，而恰恰说明他们应当首先努力增强社会主义的公民意识。这样做，对于推动全社会的民主和法制建设，对于搞好全社会的精神文明建设，具有重要的意义。

二、领导干部增强公民意识，是"法律面前人人平等"的必然要求

我国社会主义公有制的经济基础，决定了全体公民在政治上的平等地位。所有公民，都必须严格遵守宪法和法律，遵守国家的政策和法令。每个公民，既可以运用法律保护自己应有的权利，也都必须按照法律担负自己应尽的义务。不受宪法和法律约束、居于宪法和法律之上的公民，是不允许存在的。无论是普通老百姓，还是国家机关工作人员，都必须受到国家法律的约束，在法律面前具有同等的权利和义务，不能享受法律之上的

任何特殊待遇。1954 年 9 月，我国社会主义法律的奠基人董必武，在全国一届人大一次会议上，谈到守法思想这个问题时尖锐指出："有的干部居功自傲，不把国家的法律、法令放在眼里，以为法律是用来管老百姓的，似乎自己可以不遵守，违了法也不要紧。这种思想是极端错误的。"30 多年过去了，干部队伍中那种居功自傲、居权自傲、置法律于脑后的人，仍然存在。他们利用国家机关工作人员的职权便利，在法律面前，使自己处于和老百姓不平等的地位。他们之所以敢于这样做，一个重要的原因，就是忘记了自己也是一个受法律约束的公民，或者至少说社会主义的公民意识是很淡薄的。因此，要真正实现全社会的公民"法律面前人人平等"，就必然要求所有国家机关工作人员，都要努力增强社会主义的公民意识。特别是要求那些掌握某些权力的领导干部，更要自觉地首先做遵纪守法的公民。

三、领导干部增强公民意识，是从"人治"转变到"法治"的客观需要

我们的社会主义社会，是从半封建半殖民地的社会基础上变革过来的。由于封建主义思想的影响，"朕即国家"、"圣旨即法律"的思想意识，在一些人的头脑中仍然残存着，并由此滋生出"权力就是法律"、"权力就是真理"的错误观念。由于殖民主义思想的影响，"奴化"的思想意识在不少人的头脑中残存着，这也是产生"强权就是法律"的错误观念的社会思想基础。这些原因，也是我们的社会从"人治"转变到"法治"的思想障碍。特别是一些担负领导工作的同志，很不习惯于按照法律程序来处理各种社会问题，而习惯于用自己手中的权力来对待一切矛盾。他们处理某些问题的时候，不仅忘记了自己的公民身份，而且也忘记了别人是受国家法律保护的公民。他们或者是随意侵犯公民的民主权利，或者是用违法的办法对待违法的行为，或者是用手中的权力干扰法律程序的正常进行。最常见的现象，就是用行政手段来代替法律程序。这种"人治"的结果，使民主和法制在一些地方成为一种装饰，也常常使好事变成坏事。要改变"人治"现象，实现"法治"社会，客观上就需要领导干部首先增强社会主义的公民意识。只有领导干部的公民意识增强了，才会进一步正确理解自己的公民身份与国家机关工作人员身份之间的关系，正确理解人民给予自己的职

权与代表人民意志的法律之间的关系，提高依法办事的自觉性，身体力行遵纪守法。从而，使民主和法制建设的任务，在各个单位、各个地方得以落实。

带头认真学法、模范守法、严格执法，是领导干部增强社会主义的公民意识的根本途径。公民意识不可能天生，也不可能随领导干部所担负的职务而派生，而只能在对法律知识的学习和运用过程中形成并不断增强。社会主义市场经济的发展，各方面改革的深入推进，也越来越迫切要求领导干部要率先知法、懂法。如果说，"认钱不认权"的说法，体现了市场经济生活中等价交换原则的一种选择，那么，市场经济生活中类似这样的选择，必然猛烈冲击政治生活中"认权不认法"的陈腐观念，必将促使人们政治生活领域价值观念发生变化。不论领导干部是否在法律上明确认识到自己的公民身份或法人代表身份，随着"法律面前人人平等"观念的深入人心，随着法制社会的健全，人们都会把领导干部首先当做公民中的一员看待，然后当做国家机关工作人员或单位的法人代表看待。如果领导干部没有具备公民意识，没有掌握一定的法律知识，就难以在市场经济的发展过程中担负起自己的职责。所以，领导干部作为国家机关工作人员，帮助人民群众懂法，自己首先就要懂法；要求人民群众增强公民意识，自己首先就要增强公民意识。

四、领导干部增强公民意识，是公正廉洁执政执法的思想基础

领导干部要真正增强社会主义的公民意识，一个很重要的方面，就是要彻底消除封建专制思想的影响。千百年来，"普天之下，莫非王土；率土之滨，莫非王臣"的封建专制主义思想，在我们的国土上造成了很深的影响，在一些人的心灵深处形成了很深的印记。今天，这种影响在某些领导干部身上仍然存在。不是吗？有些同志总喜欢把自己当做所负责的那个地区或单位的"权力象征"。轻则把自己看成是"父母官"，重则感觉自己是"土皇帝"。这就很难说有多少公民意识了。更为严重的是，有些领导干部在这种封建专制思想的影响下，做出一些伤天害理的事来。或是挥霍浪费，或是贪赃枉法，或是草菅人命。在这些人眼中，只有自己的权力，没有国

家的法律，更没有老百姓的利益。但是，他们到头来的结局，是受到老百姓的唾弃和国家法律的制裁。作为一名领导干部，只有努力抵制封建专制思想的影响，时时、处处注意自觉接受法律的约束和人民的监督，才能清醒地切实地增强社会主义的公民意识，自觉公正廉洁执政执法，履行好"人民公仆"的职责。

领导干部当好"人民公仆"，说起来比较简单，做起来并不容易。在这个问题上，难度最大的就是在实际工作和生活中如何摆正"公仆"与"主人"的关系。不忘"公仆"的职责，尊重"主人"的民主权利，真正做到"领导就是服务"，将职权用于为人民服务，那就是一名比较称职的"公仆"，也可以说是一名具有较强社会主义公民意识的"公仆"。实质上，领导干部增强社会主义的公民意识，并不仅仅是一个学习法律知识的问题，也是一个在当"公仆"的工作实际中努力实践的问题。作为一名领导干部，只有在实际工作中摆正了"公仆"与"主人"的位置，才能不断增强自己的公民意识，从而真正做到公正廉洁执政执法，身体力行，教育人们也不断增强社会主义的公民意识，把社会主义民主和法制建设推向新高度。

（本文原为 1986 年 12 月湖南省直机关思想政治工作研究会成立大会暨首届年会入选论文，收入首届年会论文集。）

李白晚年的洞庭诗

李白的晚年，正处在安史之乱爆发的唐肃宗至德、乾元、上元年间。国家的分裂，人民的苦难，使一生怀有报国之志的李白，忧国忧民的心情更为沉重。安史之乱爆发后，李白先从宣城逃亡郯中，后又隐居庐山。没有多久，他又受报国安民思想的驱使，轻率地加入了永王李璘的幕府，开始第二次从政活动。然而，由于封建统治者之间的倾轧，不仅使李白壮志未酬，反而因"从璘罪"被囚禁狱中。公元 758 年，又被判决长期流放夜郎。面临国家和人民的灾难，加上个人的厄运，李白的心情极为痛苦。"巴水忽可尽，青天无到时"（《上三峡》），李白简直已经对人生绝望。

公元 759 年春天，因"关中大旱"，朝廷大赦天下流犯，李白在三峡遇赦回还。在返程船上，他兴奋地写下"朝辞白帝彩云间，千里江陵一日还。两岸猿声啼不住，轻舟已过万重山"。李白如同一叶飘零的孤舟，在经历了一阵狂风恶浪之后，驶入风平浪静的地带，一度又见到了希望。他走出险峻的三峡，又来到宽阔舒展的长江中游。他在江夏小住之后，于 759 年秋天来到岳州，和他的好友贾至、李晔、裴九等，泛舟洞庭湖，登临岳阳楼，观赏讨伐叛军康楚元、张嘉延的唐朝水军的操练，度过了他谢世之前一段较为愉悦的时光，并写下了十多首咏洞庭湖的诗。

李白晚年写下的咏洞庭湖的诗，虽然在诗人整个诗作的天平上所占的比重不是很大，但是这些诗，是诗人在晚年遭受了封建统治者的沉重打击之后写下的。这些诗，表现了诗人晚年的思想，再现了诗人晚年的生活，也显现了诗人晚年的诗风，是研究李白不可缺失的重要部分。这些诗虽然数量不多，但是其中仍不乏佳作，有的至今广为流传。今人登岳阳楼、游洞庭湖时，吟咏这些诗作，仍然不胜感慨之至。更重要的是，研究这些诗作，把这些诗与诗人前期（青壮年时期）的作品加以比较，我们可以看出，晚年的诗人在思想政治上、艺术手法上以及诗歌风格上所发生的变化。而了解这些变化，对于全面认识诗人整个作品的思想内涵，准确把握诗人整个作品的艺术特色，正确评价诗人悲剧的一生，无疑是有帮助的。

那么，李白晚年的洞庭诗，究竟表达了诗人当时一种什么样的心情，体现了诗人晚年思想政治上、艺术手法上、诗歌风格上的哪些变化呢？我认为，可以从以下几个方面来加以思考和分析。

一、李白晚年的洞庭诗，以轻快、优美的笔调，描绘了洞庭景色，表达了诗人遇赦放还对生活又满怀希望的喜悦心情

李白在遭坐狱、流放之难的时候，时年 57 岁。诗人晚年蒙遭不幸，又得以遇赦放还，从险恶的境地走向自由的生活，这种心境转换的哀乐，是一般人难以体会得到的。他通过对洞庭景色的生动描绘，突出地显露了放

还后的喜悦心情。

诗人获赦的当年秋天，曾写下《陪族叔刑部侍郎晔及中书贾舍人至游洞庭五首》。刑部侍郎晔，即李晔，曾任刑部侍郎，公元759年4月，遭人诬陷，被贬为岭南道境内的一名县尉。中书贾舍人至，即贾至，曾任朝廷中书舍人，是与李白同时的诗人，公元758年被贬为岳州司马。李白与他们一起游洞庭湖，写下了五首诗以记游。游洞庭五首其一写道："洞庭西望楚江分，水尽南天不见云。日落长沙秋色远，不知何处吊湘君。"在诗人的眼中，长江流入楚地后，被洞庭湖分为两截。诗人往南一望，天空不见云彩，洞庭湖水与蓝天相连在一起，水天一色，更为壮观。诗人以轻快的笔调，把洞庭湖"北通巫峡，南极潇湘"的地理位置以及水阔天空的明丽景色，描绘得淋漓尽致。游洞庭五首其五写道："淡扫明湖开玉镜，丹青画出是君山。"在诗人眼前，阳光驱散了洞庭湖面上的淡雾，平静的湖水一望无边，好似一块明静的玉镜；湖水之中耸立着君山的娇姿，更是一幅令人赏心悦目的图画。美丽的湖光山色，使诗人的心情更加愉悦。

诗人也完全把自己的情感，倾注在洞庭湖的美好景色之中。游洞庭五首其二写道："南湖秋水夜无烟，耐可乘流直上天？且就洞庭赊月色，将船买酒白云边。"诗人感到，秋天的洞庭湖水，到了夜晚更是无法与天际分辨，真想乘一叶小舟直上云天，暂且借着洞庭湖的水波，赊来皎洁的月光；把船划到白云边上，买来醇香的美酒。这里，诗人简直已经陶醉在洞庭的秋夜景色之中了。游洞庭五首其四，更是写出了诗人对洞庭湖的依恋之情："洞庭湖西秋月辉，潇湘江北早鸿飞。醉客满船歌《白苎》，不知霜露入秋衣。"诗人和友人一起夜游洞庭，西边的月光是那样明亮，湖北岸的天鹅很早就飞起来了。然而，醉客们却还在船上唱着《白苎》歌曲，霜露把衣服浸湿了还没有察觉。这一年的春天，诗人流放经过三峡，写有《上三峡》的诗，其中写道："三朝上黄牛，三暮行太迟。三朝又三暮，不觉鬓成丝。"尽管三峡风景很好，诗人却愁心满怀，毫无兴致。而现在诗人获释了，在洞庭湖上却流连忘返。可见，诗人在不同的境遇中，有着完全两样的心情。

明丽的洞庭秋景，使遭受磨难后的诗人，又回忆起了过去在长安的岁月，又重新对生活燃起了希望之火。他在游洞庭五首其三中，在对贾至、李晔的遭遇表示感怀之后写道："记得长安还欲笑，不知何处是西天？"诗人在长安的三年，是诗人第一次从政时满怀理想而终归理想破灭的三年。在这里，诗人再次表达了渴望回长安的心情。然而，毕竟时过境迁。在兵荒马乱的岁月，诗人面临茫茫湖水，觉得返回长安已没有可能，因而发出了"不知何处是西天"的感叹。但无论怎么说，诗人此时并没有对生活失去信心，而是满怀新的希望。

二、与前期诗歌相比较，李白晚年的洞庭诗，把济世安民的理想与平定叛乱的爱国精神结合在一起，体现了诗人思想政治上的变化

李白是我国历史上一位很有政治抱负的诗人。他对自己的才能是自负的，认为凭借自己的才能，完全可以为国家建功立业。因此，他在青年时期，就满怀雄心壮志。他在诗歌中多次把自己比作大鹏："大鹏一日同风起，扶摇直上九万里。"在另外一些书文中，李白也常常抒发自己的远大志向："申管晏之谈，谋帝王之术，奋其智能，愿为辅弼，使寰区大定，海县清一。"这样的理想，他又力图想通过朝廷对自己的任用来实现。青年时期的李白，到处求仙访道，拜谒长官，想以此树立声誉，一步登天，从而"扬眉吐气，激昂青云"，实现自己的宏图大志。天宝元年，唐玄宗征召李白进京，诗人踌躇满志，高歌"仰天大笑出门去，我辈岂是蓬蒿人！"当时，诗人把自己建功立业的一切希望，都建立在帝王的任用上面。这是青年李白思想政治上的突出特点。

然而，晚年的李白，已经在政治上遭受了严重打击，同时又处在安史之乱的战火之中。这样的处境，使诗人在思想政治上发生了变化，不得不正视现实，把济世安民的理想与平定叛乱的爱国精神结合在一起。在诗人晚年写下的洞庭诗中，这种变化是很明显的。"记得长安还欲笑，不知何处是西天？"说明诗人对朝廷已不寄予多大希望，而更正视现时的处境。公元759年，诗人正在洞庭湖畔的岳阳，当时襄州刺史的部将康楚元、张嘉延兴兵叛乱，赶走了州刺史，不少唐朝的官吏弃城而逃，叛军席卷荆襄一带。李白目睹山河残破、人民受难的景况，写诗抒怀，表达了他渴求平定叛乱、解救国家危亡的心情。

在这些诗中，诗人对叛将和逃官的罪行，作了严厉的遣责。诗人在岳

阳写下的《荆州贼乱临洞庭言怀作》这首诗，就对叛乱行为表示了极大的愤恨。诗中写道："水穷三苗国，地窄三湘道。岁晏天峥嵘，时危人枯槁。思归阻丧乱，去国伤怀抱。郢路方丘墟，章华亦倾倒。"由于叛乱，荆州、岳州一带一片荒凉，天气格外寒冷，人民更加贫困。面对这种状况，诗人想回老家不能，心中充满了忧伤。最后，诗人不得不悲愤地感叹："关河望已绝，氛雾行当扫。长叫天可闻，吾将问苍昊。"望着破碎的山河，诗人忧愁已绝，但是他坚信叛乱一定会早日平息。然而，诗人毕竟岁暮之年，已经无能为力，只得向苍天高声呼叫。诗人用现实主义笔调表达出来的爱国爱民的情感，着实催人泪下。

面临危难的时局，诗人在满怀忧愁的同时，也对平定康、张叛乱充满了信心。公元759年重阳节，唐朝水军在洞庭广布战舰，进行操练。当时，李白写下了《九日登巴陵置酒望洞庭水军》一诗，以激动的心情、昂扬的笔调，描绘了操练的场面。"今兹讨鲸鲵，旌旆何缤纷！白羽落酒樽，洞庭罗三军。黄花不掇手，战鼓遥相闻。剑舞转颓阳，当时日停曛。"为了讨伐叛贼，战旗到处飘扬，旌旗的影子倒映在酒杯里，洞庭湖上布满三军。人们已无兴致采摘菊花，只听得战鼓声远近相闻。飞舞的刀剑，拉转了将要西下的太阳，见不到落日的余晖。这是何等壮观的场面！诗人接着感情激奋地写道："酣歌激壮士，可以摧妖氛。龌龊东篱下，渊明不足群。"将士们斗志旺盛，必定摧毁叛军。在这种时刻，有志于报国的人，不可学陶渊明消极避世，而应当挺身而出。在诗人同时写下的《司马将军歌》这首乐府诗中，也表达了这种类似的情感。诗的最后四句写道："将军自起舞长剑，壮士呼声动九垓。功成献凯见明主，丹青画像麒麟台。"由此可见，诗人晚年报国的理想与安民的思想感情，在平定叛乱的问题上，得到了最集中的体现。

三、与前期诗歌相比较，李白晚年的洞庭诗，注重通过对客观景物的描写，来抒发诗人的情感，体现了诗人艺术手法上的变化

李白作为一位积极浪漫主义的诗人，在他的青壮年时期即创作的高峰时期写下的诗篇，有着奇特的想象、磅礴的气势。他的许多诗歌的意象是超越现实的，很少对生活过程、客观景物作如实的细致的描写，而是让自己的思维和意念驰骋于广阔的空间。在描述历史、神话、梦境、幻觉的过程中，来抒发自己的情感。比如，在《蜀道难》中，诗人开头就写道："噫吁嚱！危乎高哉！蜀道之难，难于上青天！蚕丛及鱼凫，开国何茫然！尔来四万八千岁，不与秦塞通人烟。"诗人借神话以抒发感情，可谓壮哉！又如，《将进酒》中的"君不见黄河之水天上来，奔流到海不复回"，《月下独酌》其一中的"花间一壶酒，独酌无相亲。举杯邀明月，对影成三人"等等，其主观想象更为大胆。至于《梦游天姥吟留别》中的诗句，就更加想象奇特，令人惊心动魄了。

细细品味李白晚年的洞庭诗，就可以发觉，诗人的艺术手法在晚年已悄悄发生了变化。这就是说，诗作中已经少有超越现实的完全的梦境和幻境，而主要是通过对客观景物的描写，抒发自己的感情。李白晚年在洞庭，曾写下《陪侍郎叔游洞庭，醉后三首》，其中写道："划却君山好，平铺湘水流。巴陵无限酒，醉杀洞庭秋。"君山，在一般人的心目中，好似镶嵌在洞庭湖中的一珠翡翠，为洞庭湖增色不少，这是湖中难得的一景。然而，在李白的眼中，君山却阻碍了湘流，还是划去为好。这样，湘水可以平铺直流。稍稍深究一下，这实际上反映了诗人思想深处，对那些阻塞正道的小人的一种怨恨，对正义之流不得畅通的一种不满。这看起来是对客观景物的一种描写，而其中却包含了诗人多么强烈、多么鲜明的主观情感！

李白写下的洞庭诗，还很善于借物咏怀，有的甚至用拟物的艺术手法，强烈地抒发诗人的思想情怀。诗人与友人一起游洞庭湖所作的《临江王节士歌》，开头就借物起兴，感叹了自己的身世和遭遇："洞庭白波木叶稀，燕鸿始入吴云飞。吴云寒，燕鸿苦，风号沙宿潇湘浦。"诗人把自己比作飘落洞庭湖水之中的木叶，又比作飘零南方的大雁，在这苦寒的岁月，借宿在湘江水滨。然而，诗人并不仅仅抒发悲秋之叹。他笔锋一转，高歌道："壮士愤，雄风生。安得倚天剑，跨海斩长鲸！"诗人晚年虽然过着贫寒的生活，但是，并没有忘记国家的危亡。他从对个人的身世之悲中走出来，更加感受到了人民遭受安史叛军践踏的苦难。他要挥起"倚天剑"，参加"斩长鲸"的平叛战争。这种借物咏怀的艺术手法，与诗人前期借梦幻、神话咏怀的艺术手法一样，能够产生很强的感染力，使读者对诗人抒发的主观情感产生由衷敬意。

同是抒发主观情感，诗人在不同时期有着不同的艺术手法。约15年前，即天宝三载（公元744年），壮年时期的诗人即将离开长安，写下《登太白峰》诗一首，诗人大胆想象："太白与我语，为我开天关。愿乘冷风去，直出浮云间。举手可近月，前行若无山。"诗人与仙人在太空对话，仙人为他开了天门，举手摸到了月亮，行步不见山峰。其眼界、胸怀，何等宽阔！在这里，诗人的主观情感，是通过主观幻象来抒发的，没有一点客观描写。而诗人晚年的洞庭诗，却是通过对君山、湘水、巴陵、洞庭的客观描写，来抒发诗人的情怀。由此可见，诗人在前期注重通过幻想、神话来表露感情，在晚年则注重通过客观描写来表露感情。这反映了诗人艺术手法上的变化。

四、与前期诗歌相比较，李白晚年的洞庭诗，激昂的感情中带有忧愁，豪放的气势中透出苍凉，体现了诗人诗歌风格上的变化

青年时期的李白，是没有多少忧愁的。他20岁时写下的《登锦城散花楼》一诗中，就充满青春的朝气："飞梯绿云中，极目散我忧。"登上高楼，仿佛置身云中，极目远眺，心旷神怡，心中的一点忧愁顿时消散。更深的感受是，"今来一登望，如上九天游。"到了30多岁，诗人胸怀仍然是"兴酣落笔摇五岳，诗成笑傲凌沧洲"（《江上吟》）的志向。就是在诗人离开长安后，高唱的还是"人生达命岂暇愁？且饮美酒登高楼"（《梁园吟》）的诗句，而且保持着"长风破浪会有时，直挂云帆济沧海"（《行路难三首·其一》）的锐气。欢快、乐观，对未来充满信心，是诗人前期诗歌的主要风格特点。

然而，晚年的李白，在经受了多次失意和打击之后，其诗歌中的忧愁情绪越来越浓。天宝十二载，时年53岁的诗人，在《宣州谢朓楼饯别校书叔云》一诗中，就发出了"弃我去者昨日之日不可留，乱我心者今日之日多烦忧"的感叹。虽然诗人仍有"俱怀逸兴壮思飞，欲上青天揽明月"的兴致，但他毕竟觉得"抽刀断水水更流，举杯消愁愁更愁"，于是，"人生在世不称意，明朝散发弄扁舟"。可以说，诗人晚年的这种"忧愁"，既是

对黑暗世道的一种愤慨，也是对自己悲剧人生的一种感怀。

李白晚年诗歌中的这种风格，在他的洞庭诗中更有着突出的表现。比如在《与夏十二登岳阳楼》这首诗中，诗人的喜悦心情与忧愁情感是交错在一起的。这首诗开头写道："楼观岳阳尽，川迥洞庭开。"诗人登上岳阳楼，极目远望，岳阳尽收眼底，洞庭无比开阔，可见诗人怀有爽朗的心情。然而，接下来的是"雁引愁心去，山衔好月来"。虽然想象奇特，但一个"愁"字，却反映了诗人当时胸中的另一种情感。既然"愁心"引去，"好月"衔来，诗人的气势非同一般，仿佛觉得"云间连下榻，天上接行杯"，整座岳阳楼高耸云间天上，诗人好似进入了没有烦恼的境地。但是，诗人最终还是清醒地看到现实："醉后凉风起，吹人舞袖回。"客观现实的"凉风"，使诗人不能不增添一分忧愁。

当然，诗人晚年的洞庭诗，与他青壮年时期的诗作一样，也有着激昂的感情和豪放的气势。但是，我们不能不注意到，在前期，诗人的激昂之中带有一种信念，豪放之中带有一种欢乐；在晚年，诗人的激昂之中带有一种苍凉。这在诗人晚年的洞庭诗中，我们是不难感觉到的。上面所说的《与夏十二登岳阳楼》一诗中，这种风格就十分明显。又如，诗人在《陪族叔刑部侍郎晔及中书贾舍人至游洞庭五首》其一中写道："日落长沙秋色远，不知何处吊湘君。"秋色虽然明丽，但毕竟到处是一派秋色；湘君的魂魄游离在洞庭之南、潇湘之滨，诗人到哪里去凭吊她们呢？言语之中，不免苍凉的色彩。在游洞庭五首其三中，诗人茫然问道："记得长安还欲笑，不知何处是西天？"长安三年，虽然诗人遭受打击、排挤，最后不得不郁怀而走，但仍然值得诗人怀念。而现在呢？诗人孑然一身，人民遭受涂炭，国家战乱不断，诗人何处寻找繁华的长安，何时再有建功立业的机会呢？这些，都无法有明确的答案。诗人胸中有的，只是忧闷和凄凉之感。

应当看到的是，李白晚年洞庭诗中所表现出来的忧愁和苍凉，并不仅仅是对个人身世的感叹，而且也是对国家、社会、人民命运的一种担忧。诗人在洞庭湖畔写下的《临江王节士歌》，前半部分把自己比作飘落的木叶、飘零的大雁，不由得"节士悲秋泪如雨"。而后半部分，却表现出了一个有气节的壮士的激昂、豪放的气势。"壮士愤，雄风生。安得倚天剑，跨海斩长鲸！"诗人虽老却不服老，跃跃欲试，期望能够为国为民再奋斗一场。把整篇诗联系起来读，就使人明显地看到，诗人的"悲秋"，并不只是对自己飘零身世的悲伤，而更重要的是对国家前途命运的忧伤。总之，我们把诗人晚年的诗歌联系起来读，就不难发现，诗人激昂的情感中带有忧愁，豪放的气势中透出苍凉。这种诗歌风格，是诗人所处的时代决定的，是诗人在晚年的特殊境遇中形成的。

通过以上对李白晚年洞庭诗的分析，我们可以看出，这些诗确实反映了当时诗人遇赦放还后的愉悦心情，是诗人晚年诗作中对生活怀有新希望的一部分重要作品。更主要的是，这些诗，强烈地反映了诗人忧国忧民的思想情感。而这种思想情感，又是紧紧与诗人希望平定安史叛乱的爱国精神结合在一起的。诗人的晚年，生活在安史叛乱时期。面临这样的现实，诗人总是更多地通过对客观现实的描写，来抒发自己的情感。因而，诗人晚年的诗作，浪漫主义色彩在淡化，现实主义色彩在加重。也正是因为诗人正视现实，他对国家、对人民、对自己的前景，更为担忧。因而，他晚年的诗作中，更明显地带有苦闷、忧愁、苍凉的成分。这些，都是诗人晚年的作品，与前期的作品所不相同的地方。

应当承认，李白在晚年仍然壮心不已。但是，诗人暮年的衰病与安史叛军的战乱，使诗人无法实现自己的理想，也无力改变社会现实。这是诗人悲剧人生的结局。然而，诗人一生的成就是诗。他给后人留下的宝贵艺术财富，是无可衡量的。他晚年的洞庭诗，在他的整个诗作宝库中，就像洞庭湖镶嵌在神州版图上一样，其思想和艺术光辉，是不可磨灭的。

（本文原为作者汉语言文学专业毕业论文，尘封手稿卷中多年。刊载于《潇湘声屏》2018 年第 6 期。）

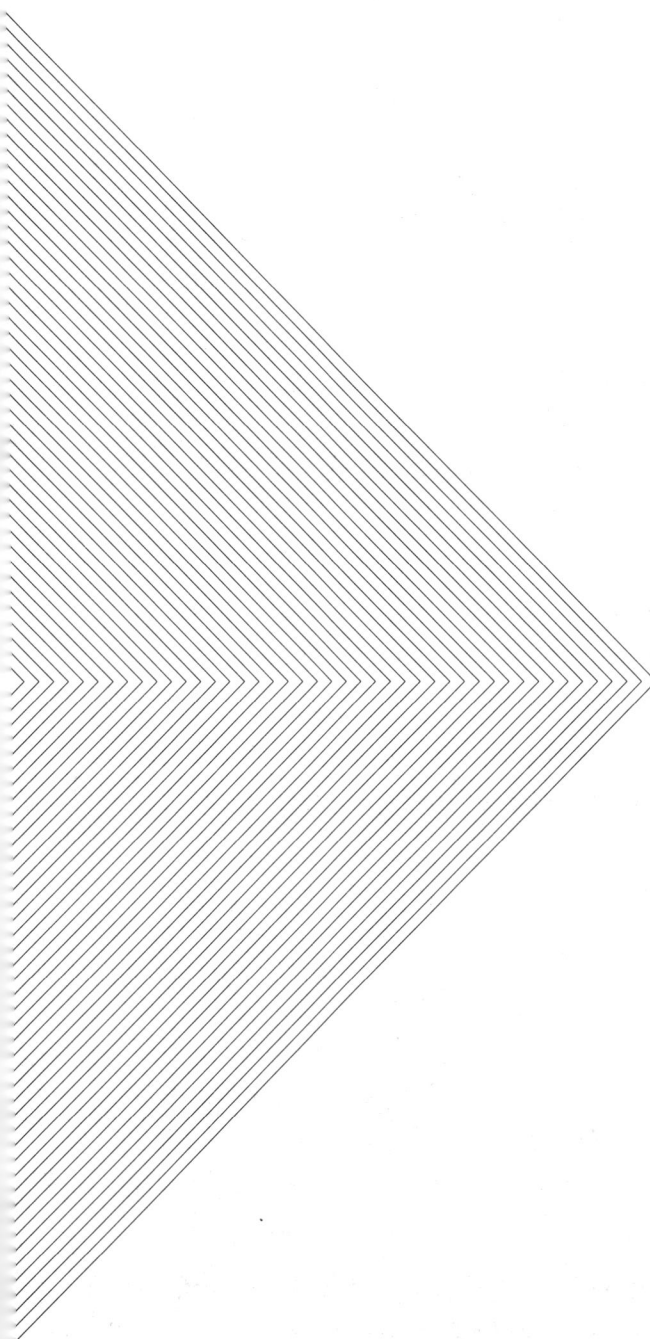

对话专访篇

专访：转变观念是跨越式发展的重要前提

——访湖南省广电局局长、湖南广播影视集团董事长魏文彬

记者：进入新世纪以后，广播影视事业面临更为广阔的发展空间。特别是在经济全球化和我国将要加入 WTO 的新形势下，您认为我们广电人在心理上、在思想观念方面，应该做哪些准备？

魏文彬：我们要加快广播影视事业的跨越式发展，不仅要有新的精神状态和新的工作策略，更重要的是要有新的思想观念。我们必须看到，目前在一些同志的头脑中还有不少旧的观念，与我们面临的新形势极不适应，与我们的发展战略极不适应，与我们所担负的新任务极不适应。甚至某些"牛都踩不烂"的旧观念，在我们一些同志的头脑中根深蒂固，严重束缚着我们的手脚。因此，转变旧观念，确立新观念，是我们在新世纪实现跨越式发展的一个重要前提。

记者：您能否按照自己的思路，围绕新时期新任务的要求，具体地谈一下需要从哪些方面转变观念呢？

魏文彬：我认为至少有五个方面的观念需要加以转变。

一是变"区域传播"为"大传播"。在过去的计划经济体制下，我们的广播电视是分级播出的。而这种"分级"，又完全是根据行政区域来确定的。从中央台、省台到地市台、县台，四级办台，四级播出，四级覆盖。不同的台在不同的区域，确定自己的传播对象，同时又根据各自的传播对象确定各自的传播内容。这种"区域传播"，是计划经济的产物。除了中央媒体之外，其他各级媒体受区域限制，各处一方，力量分散，影响狭小，发展缓慢。在今天的市场经济条件下，在国际传媒业特别是东西方传媒业竞争日趋激烈的新形势下，如果我们国内的媒体还局限于"区域传播"，那么在国际上的强势媒体面前就会不堪一击。这就要求我们必须走强强联合

的道路，必须组建有实力的大型传媒集团，在舆论宣传方面形成"大传播"。

记者：请您谈一下，您是如何理解"大传播"的外延和内涵的？

魏文彬：这种"大传播"，是打破区域的界限，是一种外向型、扩张型的传播，应当在国内和国际上有影响、有地位、有成效。只有实现这种"大传播"，中国传媒业的国际地位才能得以体现，中国的声音在世界上的影响才能得以体现，中华民族文化在世界上的影响才能得以体现。这种"大传播"的内涵，一方面是舆论影响的范围大、力度大，另一方面就是传播的媒体不是单一的，而是多种媒体复合式的传播。有专家认为，随着传媒集团的增多，"竞合传播"正在成为一种趋势。所谓"竞合传播"，就是不同媒体整合资源优势，实现异体同步传播。所以，我们必须认真研究"大传播"现象，确立"大传播"观念，彻底冲破"区域传播"的局限。当然，作为省级广播影视传媒集团，我们的传播应当有自己的特色，其中包括区域文化特色。我们的任务是，要努力扩大这种有特色的传播，使之影响范围更宽、影响作用更强、影响效果更好。

记者：您认为需要转变观念的第二个方面指的是什么呢？

魏文彬：二是变"内部比拼"为"大竞争"。经过多年的发展，我们广播影视行业应当说是频道增多了，节目丰富了。这是深化宣传改革、引进竞争机制的重要成果。但是，我们不能不看到，在这种竞争的背后，存在着一种不正常现象，这就是"内部比拼"。在节目设置上比拼，在节目播出上比拼，在节目购销上比拼，在广告价位上比拼，在技术设备上比拼。技术设备比拼可能是件好事，技术水平提高了，但也可能在技术结构上不合理。因为比拼，同样的一部电视剧，我抢在你前面播出就对我有利。同样是系列频道，你办了一个好的栏目我也赶快上一个。同样一条广告，我的价位就是要比你低。透过我国已上星的30多套电视节目，这种比拼可以说显而易见、广泛存在。"内部比拼"的结果，是在整体上影响节目质量、增加生产成本、降低综合效益、削弱对外的竞争力。"内部比拼"的根源，是体制上的"各自为政"。就我们湖南的情况来看，虽然通过改革和调整改变了某些方面的状况，但是不能说这方面的现象就不存在了。

记者：这种"各自为政"的"内部比拼"现象产生的原因，您认为是思想观念的问题呢，还是体制上的原因呢？

魏文彬：面临新的形势，改变"内部比拼"的意识，首先要改变形成这种意识的旧体制，需要确立大型传媒集团之间的联合。例如国外电视传播业大多都是集团化的组织。像英国的各大广播公司，都是跨媒体、跨行业、跨国界的传媒"托拉斯"。默多克的"媒体帝国"，就是包括报纸、广播、电影、电视等在内的多媒体集团。默多克早年在澳大利亚从南澳洲的阿德莱德《新闻报》开始，1968 年收购《世界新闻报》，次年兼并《太阳报》。他从 1973 年开始进军美国传媒市场，1976 年收购《纽约邮报》。1980年收购英国著名的《泰晤士报》。1983 年，默多克创办英国天空广播公司，1985 年购买 20 世纪福克斯有线电视网，1993 年收购香港卫视，1996 年在日本开办福克斯新闻频道。也就是说，他的媒体帝国，走的是典型的集团化道路。俗话说，"大的怕拆，小的怕聚"。再大，如果拆散了，就会走向弱小；再小，只要聚在一起，就能发展壮大。中国的广播影视业要走向世界，也必须实行集团化发展。国家广电总局已经确定，在全国组建 10 家左右省级以上的广播影视集团。随着政治体制改革力度的加大，新的集团组建之后，就可能有新的联合，甚至可能发展为新的并购。另外，有关研究机构认为，我国作为发展中国家，虽然暂时不会开放传媒业，但是加入WTO 之后对传媒业的影响仍然不可低估，而且在 5 年后将要制定开放传媒业的承诺时间表。这就必须发展有实力的大型传媒集团，以应对国际传媒业的挑战。面临"大竞争"的态势，我们如果还只是在"内部比拼"方面动小脑筋、打小算盘、搞小动作，就会加大内耗、贻误战机、阻碍发展。面临这种大型传媒集团之间的"大竞争"，我们仅仅说声"狼来了"是无济于事的。我们必须着眼于国内外传媒业发展变化的全局，采取积极的态度，尽快完善参与这种竞争的体制，不断积聚参与竞争的实力，努力把握参与竞争的规律。

记者：经过多年的改革发展，我们广播影视行业的生产能力已经大大增强，自制节目数量不断增多、质量不断提高。但是，我们自己生产的节目，基本上还是满足自己播出的需要。我们的不少同志，满足于这种"自产自播"式的按时播出和安全播出。这种"自产自播"的满足感，说到底还是自给自足的小农经济意识的反映。您对这个问题有何看法？

魏文彬：这就是我要谈到的第三个方面的观念转变，即变"自产自播"为"大扩张"。我们必须看到，随着开放的扩大，传播国际化已经成为一种趋势和现实。发达国家的影视产品，正在通过各种途径挤进我们的影视市场。而我们能够走出国门的影视产品却寥寥无几。我国内地经正式批准的电视台有 653 家。但是，为国际市场生产华语电视节目最多的电视台却不在内地，而是香港亚洲电视台。我这里讲的只是生产华语电视节目。我们湖南广播影视界过去有个认识，考虑我们"走出去"有三个阶段：第一走向全国，第二走向华语地区，第三冲破语言障碍，走向世界。美国的影视产品就冲破了语言障碍，扩张到了全世界。我们的影视产品难以走向世界市场，固然有生产体制方面的原因，有节目质量方面的原因。但是其中一个重要原因，就是我们有关同志缺乏"市场扩张"的观念。

经济全球化趋势的形成，其根本的动因，就在于"市场扩张"。早在150 多年前，马克思、恩格斯在《共产党宣言》中，就对发达国家的市场扩张作过精辟分析。认为世界市场的形成，正在改变各地"自给自足和闭关自守状态"，"物质的生产是如此，精神的生产也是如此。各民族的精神产品成了公共的财产。""物质的生产是如此"，大家都懂。"精神的生产也是如此"，可能相当一部分同志还不太理解。什么是精神的生产？生产什么精神？我们要认真研究。在进入新世纪、新千年之后，在组建广播影视集团之后，我们应当对国内外的影视产品市场密切关注、认真研究、积极扩张，不断扩大我们的市场占有率。

人类社会的产品只有两种：物质产品和精神产品。人类社会的消费也只有两种：物质消费和文化消费。在人们的物质生活水平不断提高的今天，人们对精神产品的需求也在不断增长。而我们的精神产品却并不发达。社会上为什么会出现"追星族"？除了鉴赏能力的原因之外，很重要的是因为高质量的精神产品短缺，品种单一。我们专门从事广播影视工作的有识之士，要认真研究现在老百姓的文化生活。近几年，社会上各种不健康的文化活动多的是。什么原因？我们不要一味地埋怨老百姓，要想想我们究竟给他们提供了多少优质的精神食粮？过去的生活方式，老百姓有句老话叫做"日出而作，日没而息"。现在是这样吗？太阳一下山就睡觉，我看谁也睡不着。这就有一个文化消费的问题。《还珠格格》的收视率为什么那么高？奥运会的直播为什么能吸引那么多人？本质上说有一个精神消费的问题。所以，我们要努力加大精神产品的生产，而且要对外扩张。如果我们不加大生产，就有面临西方文化入侵的危险。经济入侵和文化入侵，相同的是都有一个市场利益问题；不相同的是，经济入侵冲击的是民族工业，文化入侵伤害的是民族心理。在这个问题上，我们责任重大。抢占国内外的文化市场，既是严峻的挑战，也是难得的机遇。我们要在提高自身播出节目质量的同时，不断扩大广播影视产品对外部市场的输出，大步走出"桃花源"。这不仅是关系到我们切身利益的重要问题，更是关系到东西方民族文化之争、关系到东西方意识形态之争的重要问题。在这个重要问题上，我们既要有市场利益意识，更要有民族政治头脑。

记者：请您谈谈第四个需要转变的观念。

魏文彬：回顾我们广播影视行业的发展过程，我们的经营创收是从广告开始的。多年来，搞活广告经营，一直是我们增加收入的主要渠道。今后，我们仍然要通过提高节目质量、扩大宣传影响，来不断增加广告收益。而且广告收益的潜力仍然很大。但是，要将我们的广播影视产业做大做强，要增强广播影视事业发展的后劲，仅仅依靠广告经营是不够的。在经营观念上，我们要变"单一经营"为"大生产"。也就是变依靠广告的"单一经营"为面向信息市场、文化市场的"大生产"。

国际上的大型传媒集团，其产业经营都形成了各自的多样化规模。美国默多克集团仅从其独资的新闻公司来看，经营的电视、报纸、刊物、印刷、出版业、娱乐业，遍布全世界的50多个国家和地区。其电视收入只占总收入的四分之一。世界电视100强企业的总收入中，电视收入平均占四分之三左右。我们在社会主义市场经济体制初步建立的新形势下，应当依托广播影视行业的优势，在进一步搞活资本运营的基础上，围绕广播影视主业搞活广告经营、节目和影视剧经营、网络经营、报纸刊物经营、影视基地经营、艺术节日经营和会展经营。从而，形成具有广播影视特色的"产业链"。这种"产业链"，能够促进广播影视事业发展的良性循环，利用行业优势搞活资本运营，加大对节目生产的投入，提高节目质量，扩大宣传影响。由此，又拉动和拓展各方面的经营，从整体上增加效益。使广播影视产品的生产，真正形成规模。

记者：请您谈一下需要转变观念的第五个方面。

魏文彬：这也是我要谈的最后一个问题，即变"小富即安"为"大发展"。这些年来，无论是从全国范围来看，还是从我省的情况来看，广播影视行业通过改革，特别是通过转换运行机制，一些媒体增加了活力，也取得了一定的经济效益。由此，在部分人员的头脑中，就滋生了"小富即安"的思想。一些频道的节目有了一点起色，经营有了一点收入，有的人就飘飘然了，自我感觉好得不得了。在新的形势下，这种意识是很危险的。我国古代思想家老子有一句非常深刻的话，叫"知其雄，守其雌"。这里所说的雄，是指刚强；所说的雌，是指柔弱。这句话的意思是说，深知什么是雄伟强大，却又明白自己居于弱小的地位。这体现了一种重要的"守柔居弱"的思想。这并不是消极软弱，而是要时刻保持清醒的头脑，明确自己的生存和发展环境，时刻保持忧患意识和风险意识。对自己生存和发展的主客观环境的透彻了解，是发展自己的前提。

从湖南广播影视事业的发展情况来看，由于省委、省政府高度重视和大力支持，经过大家的共同努力，我们在宣传、事业、产业等方面抢了一些先机，有了一个较好的基础环境。这些时机和环境，都是以前我们所没有过的。认识了机遇，还有一个能不能抓住、能不能抓紧的问题。机遇也是一种资源。如果抓不住、抓不紧，就有可能失去。面对新的发展机遇，我们的认识要清醒、态度要积极、工作要主动。这些年，我们湖南的广播影视事业虽然有了一些发展，但是与国内发展较快的省市相比，与国际上的传媒集团相比，还远远不能言其富、不能言其大、不能言其强。据统计，世界电视100强中，亚洲国家的电视台只有8家，我国只有中央电视台一家。1999年除日本的以外另外7家电视台的总收入，只占100强总收入的2.8%。100强中排第一的美国时代华纳公司年收入为270多亿美元，排最后一名的美国MGM公司年收入为近2亿美元。面临这种世界电视传媒的格局，我们的差距还大得很，我们的发展空间也大得很。我想，物质产品的生产很复杂，而精神产品的生产全世界都是一样的，不受地域、气候的影响。在这个问题上，我们要认真思考研究。如果我们还是"小富即安"，觉得自己不得了，我们就会落后。所以，我们一定要确立"大发展"的观念，一定要有追逐新目标的志向。要立足于历史和时代的高度，立足于国内外传媒业发展的广阔空间，来思考、规划和实施我们的发展任务。

（本文原由作者以《中国广播电视学刊》特约记者名义采写，载于《中国广播电视学刊》2001 年第 6 期。采写此专访时，魏文彬时任湖南省广播电视局局长、湖南广播影视集团董事长。2008 年 1 月，魏文彬当选为湖南省政协副主席。）

改革的哲学思考
——金鞭溪对话录

听众朋友，7 月下旬，我们在湘西张家界国家森林公园采访。秀丽幽静的金鞭溪，是张家界最迷人的地方。在这里，记者遇到了两位来自北京的客人。他们一边沿着蜿蜒曲折的金鞭溪散步，一边兴致勃勃地谈论着什么。

原来，他们是师生俩。年纪大的名叫李惠国，长春市人，是中国社会科学院哲学研究所副所长，近几年曾先后应邀到联邦德国、瑞典、美国等地讲学。那位姑娘，是个研究生，今年 23 岁，名叫李学军。这几天，他们正在出席在湖南召开的"哲学与现时代学术讨论会"。

师生俩听说，张家界前些年还"锁在深闺人未识"。是改革开放的春风，给湘西这片古老壮丽的山川，注入了一股新的活力。今天，这里才变成了国内外引人瞩目的旅游胜地。俩人对此产生了深厚的兴趣。于是，师生俩，从哲学思辨的角度，谈起了张家界，谈起了金鞭溪，谈起了改革……

记者心想，哲学界两位师生的谈话，也许会对我们的听众朋友有所启迪。于是，提出能否录音。

李副所长欣然点头。姑娘呢，觉得自己是上海人，说"塑料普通话"，有点难为情。在李老师的鼓励下，她壮起胆子来，点头说："试试吧。"

（金鞭溪流水声、蝉鸣声，转对话声）

小李：李老师，我们到张家界森林公园来，您有什么印象？

老李：张家界森林公园非常美。主要呢，它既有黄山雄浑的气势，又有桂林山水的秀美。它是把这二者结合为一了。

小李：对！它还夹杂着一种未开发的原始的自然美。可以说是峰青峦秀、万石峥嵘，确实非常美丽的。

老李：令人陶醉、令人遐想呵！

小李：是呵，张家界作为一种自然的美景，存在着很多年了，只是到了八十年代才刚刚开发。

老李：这可以说是改革的春风，吹到了这深山老林里来了。因为改革发展了第三产业，才在张家界开始进行了建设。所以，我到张家界来的第二个印象，就是这里正在发生着巨变。它从一个非常小的只有几户人家的山村，正在发展成一个新兴的旅游城市。

小李：张家界自然美景的形成，是地壳运动聚集起来的。可以说，自然界发生着巨大的变化，人类社会也在发生着巨大的变化。改革，就是我们社会发生变化的一个过程。您说是不是呵？

老李：是呵，社会运动和大自然的变迁一样，它是一个漫长的历史过程。但是，造山是一个巨变。那么，改革也是社会当中的巨变，它是需要在历史长河的一段时间内完成的。

小李：改革使我们的社会发生了变化，张家界也同样受到这种变化的影响。我们昨天晚上在小吃店吃的小吃真不错。那个个体户主告诉我，就在这半年时间里发展了几十户的个体户。

老李：是呵，社会主义经济体制改革，本质上就是要扩大经济生活领域的民主。这种民主，就是要把每个行业、每个企业和每个人的积极性充分调动起来。从这种意义上说，改革为每一个行业、每一个单位和每一个地方以及每一个人，都提供了一种机会，提供了一种发挥自己积极性和主动性的机会。

小李：改革确实使我们的社会涌现了一大批人才。张家界这个地方自然景色极美，也聚藏了一大批的人才。在我们住的旅馆里面，有一些服务员，英语学得很好，在外事活动中起到了一定作用。

老李：是呵，改革给每一个地方、每一个行业、每一个个人，提供了一种机会，让它充分展示自己的才能、贡献自己的才能和发挥自己的才能。改革所提供的机会，应当说对每一个人、对每一个行业、对每一个单位，都是均等的，但是也是不均等的。

小李：这话怎么理解呢？

老李：机会之所以是均等的，就是因为每个人都可以抓住这个机会，利用这个机会，充分地发展自己，对国家作出最大的贡献。机会之所以又是不均等的，就是因为每个人，他原来的素质、他所处的环境又存在着一定差异。但是从本质上看，应当说是均等的。关键就看自己能不能抓住这个机会，能不能在改革中采取积极、主动、大胆的行动。所以，均等不均等，就在于每个人对待这种机会的态度。

小李：这也是一种辩证的关系。李老师，现在改革出现了一个问题。就是有人在谈论改革时都是积极拥护的，从主观上来讲是盼望改革的。但是从客观上呢，当改革暂时没有给本企业、本单位和个人带来好处、带来实惠，他就消极、抱怨。您看怎么来解释这种矛盾的心理呢？

老李：这里就有一个怎么样对待机会和实惠的关系问题。改革给大家发展自己的才能、为国家作贡献提供了广阔的机会。但是，实惠并不是暂时或者马上就可以得到的。如何看待实惠，这里有一个整体、局部和个人的关系问题，也有一个长远利益和眼前利益的关系问题。

小李：您的话是不是可以这样理解：举个例子来说，有两个企业，它们在改革当中同时增加了产品，提高了利润，也增加了收入，同时得到了好处。但是一个企业急功近利，为了给职工增加眼前利益，把绝大部分增加的收入都用于提高目前的福利上了。另一个企业则着眼于长远的目标，他们就把收入的一大部分用于研制新产品、开发新技术，提高职工的文化素质水平，增加企业的基础实力。这样从目前来看，他们的职工所分得的实惠不如另一个企业的多。但是经过若干时间以后，他们就很快用自己的实力赶上另一个企业的发展水平，而获得稳固的发展速度。这样，他们得到的实惠，就是比较牢固的，速度发展也比较快。能不能这样理解呢？

老李：对！这种企业的领导人是聪明的人。

小李：当然，在改革当中，人们对经济实惠的要求的心理是可以理解的。但是，现实往往一时很难满足人们的这种需要。所以，我觉得怎样引导人们懂得，不能对改革中的经济利益要求过急，这是一个很重要的问题。

老李：对。国际经验表明，在改革的过程当中往往产生一种经济需求膨胀。这对经济改革的长期的持续发展是很不利的。因此，我们的领导人在制定政策时要懂得这一点。同时，我们也要使理论宣传工作者很好地宣传这样一个道理。

小李：李老师，山路越来越难走了，您可要小心点。昨天下了一场大雨，路特别难走。您爬上来感觉怎么样？累吗？

老李：不累。"无限风光在险峰"。不冒一点风险，就登不到山顶。登不到山顶，我们就领略不了这无限美好的大自然的风光。

小李：就是呵。登山路确实是要冒一点风险。推而广之，其实人生也跟登山一样，也是要冒一点风险的。在人生的道路上，时时处处要有冒险的意识。

老李：改革也是这样。改革是一项探索性的事业。改革就是要探索出前人没有走过的路。因此，在改革过程中，要提倡大胆的风险精神。

小李：我们到张家界来，正好赶上了一场大暴雨。所以，您看这路特别滑。李老师，您看走在我们前面的那个人身上全是泥水，肯定是跌过跤。可是，他还在努力地往上攀登。这种精神挺可嘉的吧！

老李：是呵，尽管他身上一身水、一身泥，也没有人嘲笑他。这种精神是值得赞扬的。

小李：登山倒确实是这样的。不过，在现实生活中，就不一定如此了。比如说改革吧。在改革当中，对改革者碰到的一些挫折，暂时遇到的一些困难、或者失败，人们往往议论纷纷，颇不理解，甚至持一种很不谅解的态度。您看应该怎么对待这个问题呢？

老李：我觉得应当使大家懂得这样一个道理：不冒风险，这是最大的风险。因此，我们要像爱护阳春初绽的花蕾那样，积极地支持改革的行动和改革者。

小李：那您能不能跟我讲一讲风险意识的问题呀？

老李：可以。我觉得我们现在处在一个高技术时代。在高技术时代里，风险投资、风险意识是非常重要的。根据研究表明，技术革新是一个高失败率的事业。往往一项新的技术构想成为新产品的时候，它的成功率只有百分之二至三。

小李：那成功率简直太小了。

老李：是呵。技术革新就是一个高失败率的事业。但是我们并不能因为失败就不前进了，就不进行大胆的实验和革新了。失败往往是成功的先导。

小李：我还听说国外一些大的公司里，对一些失败者还是有奖励的。是吗？

老李：是的。我去年去美国参加中美双边学术讨论会的时候，美国的同行就对我说，美国的海恩茨公司，他们对每一项产品的革新成功都要开庆祝会，而且对产品试制的失败也要开庆祝会。往往他们把这种失败叫做"完美的失败"。

小李：这样才是一种正确的态度，这样才能激发改革者的勇气，增强信心。

老李：小李，你怕失败吗？

小李：我觉得失败当然是不会受人欢迎的。但是，要成功就必然要经历失败的话，你怕也是没有用的。再则，如果能从失败中吸取教训，为将来的成功奠定基础的话，我觉得这样的失败还是值得的。

老李：那么，你害怕遇到困难和挫折时，被人嘲笑吗？

小李：我也不怕被人家议论。因为我老是注意这种议论的话，那就什么事情也干不成了。不过，我非常厌恶这种议论。我觉得失败并不可怕，失败也不是无能的表现。但是，袖手旁观，却喋喋不休对人家的失败议论的人，才是最无能的！

老李：所以，我们在改革过程当中，理论工作者应当大力宣传和论证风险意识，为改革创造良好的社会舆论环境。

小李：李老师，您看，这座山峰好像一把利剑呵，直插云霄！真是鬼斧神工呵！大自然的杰作真是太神奇了。

老李：是呵，能够看到这样的美景，就不虚此行了。

小李：自然山水能给人一种美的享受，陶冶人的情操，这是毫无问题的。但我觉得它还能够给人一种理性上的、智慧上的启迪。您同意我的看法吗？

老李：是呵，中国古代的一句俗语，叫"仁者乐山，智者乐水"。

小李："仁者乐山，智者乐水"？

老李：你看这金鞭溪哟，这里是潺潺流水，那里是飞流直下、气势磅礴，既有激流险滩，又迂回曲折。这动与静、曲与直的美丽图画，不正说明了很多哲理吗？

小李：险滩是乱石造成的。但是，那些乱石终究阻挡不了流水的行进。这是因为水的重力的作用。

老李：是呵，自然规律是不可阻挡的。改革是一种社会历史的必然趋势，这也是任何力量也不能阻挡的！

小李：当然，趋势是不可阻挡的，这是一个方面。从另一个方面来看，改革也必然像这溪水一样，走过弯弯曲曲的道路啰。我们应该怎样来理解改革的这种曲折性呢？

老李：因为中国的经济体制改革，是社会主义经济制度的自我完善和发展。我国正处在社会主义初级阶段。因此，我们的改革起点比较低。而且中国的改革往往是在目标大致明确、许多问题有待于在实际中进一步解决的情况下开始的。这就决定我们的改革，是一个渐进的长过程。这要有许多阶段。改革也是一种充满冲突的历史过程。这里充满着抉择、冒险和无法预料的很多情况。

小李：我的理解是，改革是一个社会系统的大的变革，是一个调整的过程。它必然牵涉到社会的各个方面、各个角落。既有经济体制的改革，也有政治体制的改革，同时还牵涉到文化传统、历史背景和人们的心理、观念的转变。

老李：不但如此，改革也是一个从传统体制向新体制的转变过程。在这个转变过程中，始终存在着新旧体制的矛盾。新旧体制的长期并存和相互的矛盾冲突，就决定了我们的改革的长期性、曲折性和复杂性。

小李：所以，我们从心理上应该对改革的长期性、曲折性，有一种充分的思想准备。您说对吗？

老李：对的！

小李：李老师，面对这种情况，我们又要把改革搞成功，那么，我们应该具备的最重要的条件是什么呢？

老李：我觉得，最重要的条件，是要有坚定不移的信念和百折不回的顽强意志！一个国家、一个民族、一个人，要想成功一种伟大的事业，就必须具备这种坚定的信念。

小李：我们爬山也是这样呵。如果没有不到山顶不回头的信念的话，我们就可能爬不到山顶上去了。

老李：是呵。这金鞭溪的流水，同样也给我们以信念的启迪。尽管它在深山老林里穿山越岭、迂回曲折，但它毕竟要流入洞庭湖，汇入长江，奔向东海！

小李：好吧！我们就沿着金鞭溪，坚定不移地向前走吧！

（金鞭溪流水声，渐隐）

金鞭溪水越流越欢。师生俩的谈兴也越来越浓……

（本对话录与湖南人民广播电台周江南合作采制。湖南人民广播电台《新闻和报纸摘要》节目1987年8月9日整节目播出。中央人民广播电台《午间半小时》、《在祖国各地》节目1987年8月21日播出。文稿刊载于1987年9月15日广东《现代人报》。获1987年度湖南省广播电视优秀节目评选一等奖。）

对话主持节目：如何认识我国处在社会主义初级阶段

男：各位听众，你们好！我叫丁南。

女：我是凡星。

男：今天，我们很高兴为大家主持这次《学习和思考》节目。在这次节目开始的时候，我们想先请大家听一首歌曲。这首歌，不少听众都很熟悉，歌名就叫《绣红旗》。

女：哦，我知道这是歌剧《江姐》中的一首歌。这首歌的词和曲都很美，你就快放给大家听吧。

（出《绣红旗》第一段）

男：好吧，我们就暂时只听第一段。这首歌，的确很动人。"线儿长，针儿密，含着热泪绣红旗……多少年，多少代，今天终于盼到了你。"凡星，你知道这些歌词的含义是什么吗？

女：我的理解，这些歌词，表达了江姐等革命先烈，对社会主义新中国无比热爱，对社会主义社会热切向往的心情。

男：是的，五星红旗是革命先烈的鲜血染红的，社会主义社会来之不易。建立社会主义新中国，是千千万万革命先烈的理想，他们为此献出了自己的生命。然而，要把社会主义事业推向前进，也是一项十分艰难的任务。我们的社会主义，已经搞了将近38年了。但是实事求是地说，我们还只是处在社会主义初级阶段。

女：我们的社会，还处在社会主义初级阶段。这的确是值得我们要很好地去学习和理解的问题。

男：这个问题，用哲学上的一句话来说，就是要用历史唯物主义的观点和方法，来正确认识我们今天的社会。按照马克思在《哥达纲领批判》这本书中提出的设想，共产主义应该分为两个阶段。第一个阶段是社会主义社会，第二个阶段才是共产主义社会。从我们国家的情况来看，我们对社会主义历史阶段的认识，也经历了一个曲折的过程。在我国社会主义三大改造完成之后，有人就提出"跑步进入共产主义"的口号，搞"公共食堂"，吃饭不要钱，刮"共产风"。有的同志把实现"电灯电话，楼上楼下"，也当做是共产主义。还有的同志则以为，把所有制搞得越"公"，与共产主义就越接近。这些脱离实际的认识和做法，结果挫伤了人民群众的积极性，也影响了社会主义生产力的发展。所以，党中央提出我国社会还处在社会主义初级阶段，这在理论上是对马克思主义的发展，在实践上对于我们按照中国国情，建设有中国特色的社会主义，有着很重要的作用。

女：丁南，现在有许多听众，也很关心这个问题。我这里就有一封长沙听众的来信，问"我们还处在社会主义初级阶段，是依据什么作出这个结论的？"

男：这个问题提得好！前不久，我采访了省委讲师团副主任冯正刚同志，请他专门谈了这个问题。下面，我们就听一下采访冯正刚同志的谈话录音。

（冯正刚同志谈话录音）

问：冯正刚同志，您好！我们国家还处在社会主义初级阶段，这个论断是什么时候提出来的呢？

答：据我的了解，最早是在1981年6月份，党的十一届六中全会《关于建国以来党的若干历史问题的决议》中第一次明确提出：目前我国仍然处于社会主义初级阶段。以后，在党的十二大的时候，中央又重申了这个观点。1986年党的十二届六中全会《关于社会主义精神文明建设指导方针的决议》中，对社会主义初级阶段的这个提法，又作了具体的、进一步的、多方面的阐述。

问：那么，中央作出我们国家还处在社会主义初级阶段这样一个论断，其客观事实依据是什么呢？

答：据我的理解，有这样几条依据。第一条，是从生产力发展的状况来看。中国过去是一个小生产占优势的国家，处于自给、半自给的状态，商品经济没有充分的发展。新中国建立以后，我们在这方面又有失误。党的十一届三中全会以来，虽然把这个问题提到了重要议事日程，引起了全党全国人民的重视，并且作了极大的努力，但是，总的来说，生产力水平还比较低。人均国民生产总值不过300美元，自然经济还占相当的比重，商品经济还很不发达，物质文明还不发达。生产力水平低，这是我国还处在社会主义初级阶段的一个决定性因素。这是我讲的第一个依据。

第二个依据，就是从所有制来看。虽然建立了以全民所有制和集体所有制为主体的公有制，但是为了适应生产力多层次的要求，必须在公有制为主体的前提下发展多种经济成分。个体经济、私营经济、中外合资、外资独营的经济，对发展生产力都有一定的作用。这些非公有制经济成分，居于从属的、补充的地位。但是它的存在和发展，都有其必然性，是现在的生产力发展水平和状况决定的。

第三条依据，可以从分配形式来看。我们不但必须实行按劳分配，而且还要在共同富裕的目标下，鼓励一部分人先富起来。要清醒地认识到，地区之间、企业之间、劳动者之间，由于各种复杂的原因，在劳动效益和劳动收入等方面，必然会存在着差别。它决定了全国人民在通向共同富裕的道路上，不可能是同步的。富裕的时间将有早有迟，富裕的程度将有高有低。只有在共同富裕的目标下，鼓励一部分人先富起来，才能带动和激励越来越多的人，达到共同富裕的目标。

第四个依据，可以从社会主义民主和法制建设来看。党的十一届三中全会以后，我们虽然在建设社会主义民主和法制方面，做了大量的工作，也取得了显著的成绩，但是应该看到，社会主义民主和法制作为一种新型的国家制度现在还不完善，需要有一个长时期的渐进过程。

第五条依据，从科学、文化、教育来看。由于历史的原因，这方面的水平还比较落后。目前，文盲、半文盲大约还占总人口的四分之一。这种状况的改变，不是短时间能做得到的。

第六个方面，我觉得可以从意识形态领域来看。清除封建主义和资本主义的影响，这方面的任务也是十分艰巨的。

为什么说我国还处在社会主义初级阶段？我想到的，可以从这六个方面来认识。这也是回答这个问题的事实依据，或者说是客观依据。

（冯正刚同志谈话录音止）

女：冯正刚同志谈的这几点很清晰，也很有说服力。是不是可以这么说，我国正处在社会主义初级阶段，不是某个人的想象，而是一种客观现实。

男：可以这么说。不过，认识的目的是实践。我们认识到这种客观现实还不够，还应当运用这种认识来指导我们各方面的工作。凡星，不知你考虑过没有，认清我国还处在社会主义初级阶段，有哪些实践意义呢？

女：这些天，我正在边学习边思考这个问题。6月19号那天，我还专门就这个问题，请教了省委党校科学社会主义教研室副主任罗昭义同志。

男：那你能不能将录音放给大伙听听？

女：这次谈话，对我很有启发。能不能对各位听众有启发，我想大家听一听就知道了。

（罗昭义同志谈话录音）

问：罗老师您好！党中央根据我国的实际情况，作出了我国正处在社会主义初级阶段这个论断。确认我国还处在社会主义初级阶段，在实践上有哪些意义呢？

答：这个问题，我想从三个方面谈谈看法。

第一个方面，确定我国还处在社会主义初级阶段，是我们坚持四项基本原则和坚持改革、开放、搞活的理论基础和客观依据。我们党的十一届三中全会以来的路线，就是要求从我国的实际情况出发，建设有中国特色的社会主义。这条路线的基本点，一是要坚持四项基本原则，二是要坚持改革开放，搞活经济。我们只有深刻地认识我国国情，清醒地看到我国现在还处在社会主义初级发展阶段，才能正确地理解坚持四项基本原则的重要性、必然性和长期性，也才能正确认识坚持改革、开放、搞活的必要性和紧迫性。并且，我们还要懂得这两个基本点之间的辩证统一关系。

第二个方面，正确认识我国还处在社会主义初级阶段，就能正确地理解和贯彻执行党的路线、方针、政策，存在人们思想中的各种疑虑就能够迎刃而解。比如说，为什么在我们今天的现实生活中还有许多制度弊端？为什么至今还没有肃清封建主义的余毒影响？为什么在相当长的时期内还会存在多种所有制形式和多种经营方式？为什么必须大力发展有计划的商品经济？为什么在思想文化和民主建设等方面，都不宜提出过高的目标和过急的要求？等等。这些，都是与我国还处在社会主义初级阶段相联系的。我们认识了我国还处在社会主义初级阶段，存在于人们思想中的上述这样一些疑虑，就可以得到解决。这样，我们贯彻和执行党的十一届三中全会以来的路线、方针和政策的自觉性，就会大大提高。

第三个方面，正确认识我国还处在社会主义初级阶段，有利于我们认清今后前进的方向和我们的根本任务。社会主义初级阶段的根本任务，就是要大力发展社会生产力。所以，我们现在就是要一心一意坚定不移地搞社会主义现代化建设，把国民经济搞上去。我们在搞社会主义初级阶段的经济建设的同时，还要搞好社会主义初级阶段的政治建设、文化建设、党的建设等等。过去，毛主席在领导我们进行民主革命的时候，写了一本《新民主主义论》。我觉得，现在摆在我们全党和全国人民面前的一个任务，就是要写好《社会主义初级阶段论》这本"书"。这个"写"，既包括再认识、理清思路，也包括继续实践。我们写好了《社会主义初级阶段论》这本"书"，这就完成了历史赋予我们这一代人甚至今后几代人的光荣而艰巨的任务。我想，我们每一个同志，都应当为这项事业而发愤努力。

（罗昭义同志谈话录音止）

男：罗昭义同志的谈话，对我是很有启示。他说："我们全国人民要努力写好《社会主义初级阶段论》这本'书'"，这句话说得好。认清了我们所处的历史阶段，我们就应当努力把这个历史阶段的事情办好。革命前辈绣出了五星红旗，我们在新的历史时期还要继续绣下去，让五星红旗放出绚丽的光彩！

女：丁南，说到"绣红旗"，这次节目还有一点时间，是不是让我们和听众朋友们一起，把《绣红旗》这首歌听完呢？

男：好！《绣红旗》这首歌最后两句是这样的："一针针，一线线，绣出一片新天地。"我想，在听完上面这些内容之后，听众朋友们再品味一下这两句歌词的含义，一定会有新的感受。

（出《绣红旗》第二段）

女：各位听众，您听完这次节目后有些什么想法，欢迎给我们来信，共同讨论。丁南和凡星，向各位说声再会！

（本节目与湖南人民广播电台樊晓星合作采制、编辑、主持。原由湖南人民广播电台《学习和思考》节目 1987 年 6 月 29 日播出。）

专访：正确对待改革中的利益调整
——访著名经济学家、广东省委政策研究室研究员王琢

记者：王老，您好！

王琢：你好！

记者：党的十三大提出要深化改革。深化改革，就必然要进一步调整

人们各方面的利益。我们今天想请您谈一谈，如何在改革中正确对待利益分配的问题，您看好吗？

王琢：好。利益分配问题，我们国家有分配政策。分配政策也在改革中，逐步完善。我今天不讲现行的分配政策问题。我是搞理论研究的，想从理论研究方面，来讲一点看法。

我认为利益分配问题的基础，是提高社会经济效益，把我们的国民收入增长搞得快一点。这样，整个分配的矛盾就比较好处理。因此，我们分配政策的出发点，必须调动各方面的积极性，来共同努力，提高社会的经济效益。我认为这是第一点，这是一个基础。

那么，要调动各方面提高经济效益的积极性，就必须要处理各个方面的利益关系，也就是分配关系。首先讲国家与企业的关系，必须有利于增加财政收入。但增加财政收入有两个路子。一个路子就是尽量从企业多拿，养鸡下蛋，蛋全拿走。这种路子，在短期内可以增加财政收入。在长期来看，就没有后劲，是不利于财政收入增长的。因此，我主张采取另外一个路子，就是养鸡下蛋，留蛋孵鸡。鸡越来越多，蛋越来越多，国家财力可以很快地增长。企业的技术改造、技术进步也有后劲。这样，就相得益彰。我认为，这是国家对企业。企业对国家，也要树立正确的态度，就是要树立全局观念。首先要通过增产节约来提高企业效益，为国家多作贡献，而不能大手大脚。我认为这是第二点，就是国家与企业、企业与国家的关系。

记者：都要照顾好。

王琢：对，都要照顾好，都要全面兼顾。第三点，国家与职工的关系。我认为，在改革当中，国家对职工的分配关系，必须要采取收入和效益挂钩的办法。效益好，效益涨高，职工的工资、奖金应该向上浮动。效益下降，收入下降，工资应该向下浮动。这样办的结果，国家利益有保证，工人的利益也有保证，而且能调动工人增加效益的积极性。我认为不能采取工资总额的办法搞死。应该要笼子，不要死笼子，要活笼子。就是效益来支配他的收入。效益就是个笼子。这是国家对职工。职工对国家，应该是努力增加效益，体谅我们国家的一些困难。我们国家的优势是社会主义制度，但是我们是发展中国家。我们的工资、奖金的增长，必须符合我们的国情，必须在效益增长的基础上逐步增长，要求太高是不现实的。我认为国家对职工、职工对国家的关系，也应该有一个全局的观念。

第四点，职工相互之间的关系。我们职工相互之间的分配关系，有一个老毛病，就是平均主义。平均主义在我们国家，有深厚的社会基础。平均主义等于贫穷，是大家穷，谁也富不了。所以，要想改善职工生活，增加职工收入，必须打破平均主义，必须拉开分配档次。那么，拉开分配档次，就涉及利益调整问题。有些人工资上去了，有的人工资没有上得那么高，这个差距就拉开了。我们职工对这种拉开档次，不能采取眼红的态度。说你那么高，我这么低呵，不服气。这不符合按劳分配原则，而且不能够走上共同富裕的道路。在农民当中也有平均主义，也有"红眼病"。一看谁富裕起来了，大家嘀嘀咕咕，议论纷纷。我认为这种思想是不对的。应该是共同富裕，但是有先有后，这才符合规律。

这是几个层次。那么从整体上看，国家对工人、农民及社会各阶层的收入分配，应该坚持一个公平分配的原则。对合理的分配要保护，对过高的收入要调节，对不法的收入要限制。这样有利于团结，也合情合理。

记者：您谈的这些，对于我们怎样正确认识改革中的利益调整问题，是很有启发的。谢谢您！

王琢：好，再见！

（本专访原由湖南人民广播电台《学习和思考》节目 1987 年 11 月 30 日播出。）

专访：换一副审美眼光

——访湖南省美学专家陈望衡

记者：各位听众，你们好！7月下旬，我在张家界国家森林公园的金鞭岩下，见到了湖南省社会科学院副研究员、《求索》杂志编辑部副主任陈望衡。陈望衡也是中华美学学会理事、湖南省美学学会副会长，是我省卓有成效的美学研究工作者之一。

记者：陈望衡同志，您好！张家界您来过几次啦？

陈望衡：你好！我这是第三次来这里了。

记者：每来一次，您一定在美学方面有新的感受吧？

陈望衡：我觉得每来一次，都有新的发现。我感到张家界的风景，是多方面的。它的美，也是丰富多彩的。所以，我现在来是第三次了。我觉得每来一次，有每一次的感受、每一次的收获。以后还会来的。（笑声）

记者：张家界确实很美。但是它作为一种自然景象，已经存在很多年了。直到八十年代，人们才发现了它、开发了它。

陈望衡：我想起罗丹的一句话："大自然并不缺少美，但缺少的是发现。"

记者：美，主要是靠发现。

陈望衡：记得1982年我初来张家界的时候，曾经问过当地的一位领导同志。我说，张家界这么美，难道你们以前就不知道吗？就没有来过吗？真的是原始森林吗？（笑声）他也笑了。他说，我们早就知道这个地方。但是我们每次来呵，都是造林呵，办五七干校呵，从来没有想到这个地方会有这么样的美！（笑声）所以，对于他们来讲，美还是第一次发现。

记者：那么，对于这种"身在美中不知美"的现象，从美学角度，应该怎样解释呢？

陈望衡：我觉得这个问题，审美呵，它需要一定的主观条件。大自然是美的，它提供了美的客观条件。到它的发现，还需要一个主观条件。那就是，换一句话来说，美的自然还需要一副审美的眼光。（笑声）

记者：审美的眼光！对，如果缺少这种审美的眼光，就难以发现美了。

陈望衡：是呵。比如张家界这个地方，当年大家在这里造林，考虑到它的经济价值，没有考虑到它的美。这就牵涉到，人对大自然是有多种眼光的。

我想起朱光潜先生有名的一段话：人们对一棵古松，有三种态度。第一种态度是科学的态度。对这一棵古松，在植物学家来看，他就晓得这棵古松是属于植物学的哪一个科、哪一个目。它的根怎么样、茎怎么样、叶怎么样，纯粹是自然科学的眼光。第二种眼光呢，就是功利的眼光，也就是实用的眼光。

记者：看经济价值。

陈望衡：嗯，经济价值眼光。比如一个木材商人，看到这一棵松树，他就考虑这一棵松树呵，木质怎么样呵，可以锯多少立方米的木材呵，可以做什么家具呵，可以卖多少钱呵。那当然，他就无法发现美啦。第三种眼光，就是审美的眼光。比如一个画家来了，他考虑的就是这棵古松的形态。这个形态是那样的倔强峥嵘、郁郁葱葱。从而，激发了他的一种情感，这种情感和那种形象产生一种交流。在这种情感与形象的交流中，他就获得了一种很好的审美享受。你看，我们现在到张家界来，大概都是来欣赏它的形象美的吧！大概很少来考虑张家界地下埋藏了多少矿藏呵，这里的森林能够锯多少立方米的木材呵。也不要考虑张家界的地形地貌，是属于什么样的地质层次呵。他不要考虑这些，他只要看这些山的形态怎么样，这些山的形态能不能激起他的一种情感的愉悦。如果能够激起他的情感的愉悦，他就觉得它很美啦。所以，更重要的，是要有一副审美的眼光。

记者：那么，一个人要有审美眼光，他应该具备哪些素质呢？

陈望衡：这个问题要回答不是很容易的。因素是多方面的。首先是文学艺术的修养。

记者：首先是文学艺术的修养。

陈望衡：嗯。文学艺术修养比较好的人，一般想象力很丰富。他看到一座山，看到一条水，他马上就激起一种联想。同时呢，他还可以在头脑中冒出曾经看过的一些诗呵、一些词呵，一连串地就出来了。这些诗和词，和眼前的风景很相吻合，这个时候，就由衷地激起一种愉悦。比如说音乐修养好的人，从那种叮叮咚咚的流水声中，他就感到一种韵律的美、一种音响的美。这样一种美，如果音乐修养不太好的人，是不容易感受得到的。

记者：一个人要有审美的眼光，除了具有文学艺术修养之外，还应该在其他方面具备什么修养呢？

陈望衡：那很多。比如说历史知识的修养。因为一个风景地，往往有许多历史传说。这些历史传说，丰富了这个地方的美。张家界的历史传说不是很多的，但是也有一些。比如说，这里有个张良墓。

记者：张良墓，在那个水绕四门那里。

陈望衡：对了对了。你如果知道张良是个什么人，他当年辅助刘邦，建立了赫赫的功勋，后来的命运又如何，你有这些知识，你就会对张良墓发生深厚的兴趣。我前天到水绕四门那个地方，我就兴致勃勃地去寻找张良墓。张良墓在一座山顶上，爬上去很不容易。当地人说他们也很少有人爬上去。可是我呢，就很有兴趣，我跟我的同伴就爬上去了。我站在张良墓旁，感到历史的烟云和眼前的雄伟山水融合在一起，由衷地生出一种特别自豪的感情。

记者：您刚才谈了，一个人要有审美眼光，必须具有文学和历史方面的知识修养。那么，除了这两点之外，是不是还有其他的一些因素？比如说人的心情呵、性格呵，等等这些方面。

陈望衡：这些也很有关系呵。心情好，山欢水笑；心情不好，云残月愁。所以，我们到风景区来旅游呵，还要准备一种好的心情。另外，欣赏山水，跟一个人的性格也有关系。有些人的性格比较粗，有些人的性格比较细。性格比较粗的人来到张家界，匆匆地跑一趟，走马观花，那是不可能获得很多的审美享受的。而性格比较细的人呢，一山一水、一草一木，都能激起他丰富的想象，那他获得的审美享受就丰富多了。记得 1984 年，我跟全国著名的美学家王朝闻先生一起游张家界，那老先生的审美感受非常细腻。一山一水、一草一木，都能激起他无穷的想象。那一种乐，是别人无法享受的，真是乐在其中。

记者：一草一木总关情呵！

陈望衡：真是一草一木总关情！

记者：您刚才谈的这些，对我是很有启发的。我是第一次到张家界来。看来要领略张家界奇峰异石的秀美，除了以后多来之外，还得努力提高自己的审美素质。也就是说，换一副审美眼光吧！

陈望衡：你说得很对！

记者：谢谢您了！

（本专访原由湖南人民广播电台《学习和思考》节目 1987 年 8 月 31 日播出。）

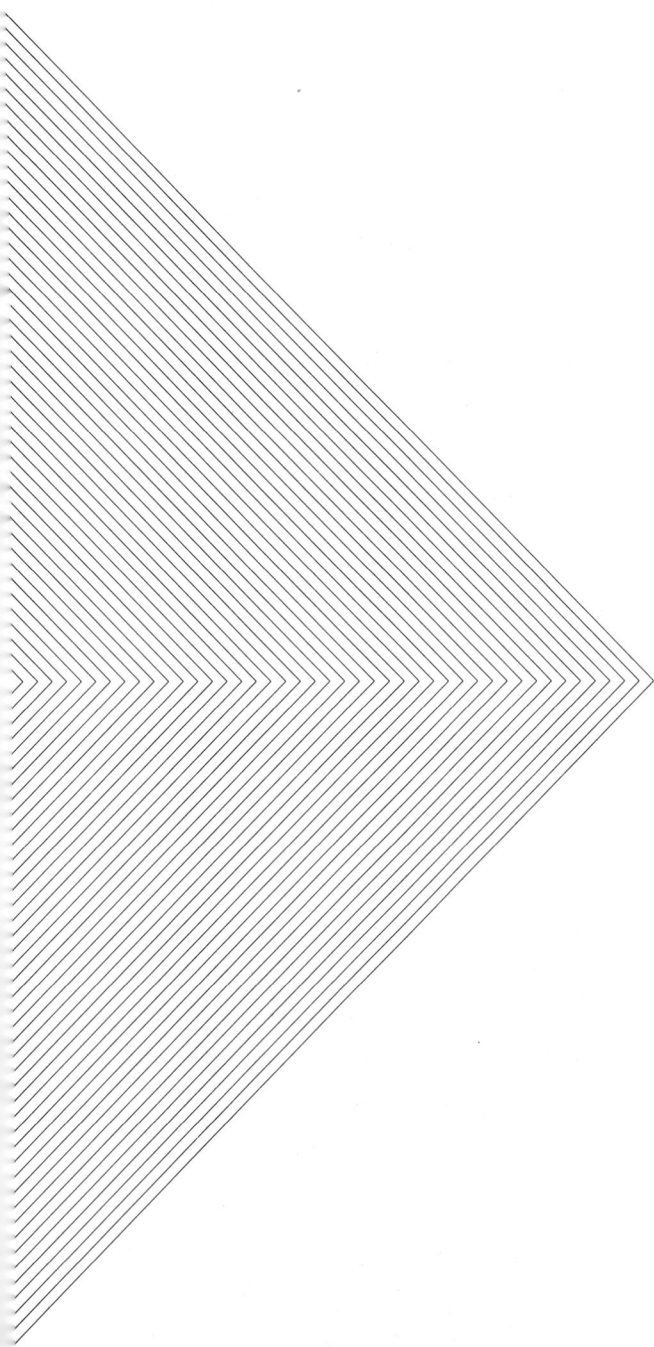

评论随笔篇

增强全局观念　发展广播电视

近些年来，全省广播电视工作者，按照中央和省委、省政府的要求，立足湖南实际，以改革的精神，开拓创新，艰苦奋斗，使全省广播电视事业出现了崭新的局面。当前，我们面临新的形势，面临广大听众、观众新的要求，必须进一步增强全局观念，再接再厉，努力把全省广播电视事业推向新的发展阶段。

广播电视事业是一个整体，也是一个连续发展的过程。我们所讲的广播电视事业的全局，既是指广播电视事业面临的共同要求和共同任务，也是指广播电视事业发展过程中起关键作用的环节。今年年初，省厅党组在讨论"八五计划"、"十年规划"中广播电视面临的任务时，明确提出："围绕一个中心，解决两大难题，办好三件大事。"这是根据湖南的实际，从全局提出的我省广播电视事业的任务。这些任务是紧密联系的。要完成好广播电视宣传这个中心任务，必须解决好扩大节目覆盖和提高节目制作能力这两大难题。而要扩大节目覆盖和提高节目制作能力，又必须把建设广播电视中心、发展农村广播电视网、办好湖南有线电视台这三件大事办好。这实际上也是全省广播电视战线工作重点所在。只有抓住了这些工作重点，才能搞活全省广播电视事业。因此，各级广播电视部门，都要识大体，顾大局，做到局部服从全局，从全局需要出发，扎扎实实做好自己的工作。

增强全局观念，必须在广播电视事业建设上，做到局部利益服从整体利益，当前利益服从长远利益。广播电视作为党和政府的舆论工具，作为投资大、技术要求高的事业，必须统一规划、全盘考虑、长远打算，坚决反对各自为政，避免重复建设。值得提到的是，目前我省有线电视事业发展较为迅速，各地党政领导和群众建设有线电视台的积极性方兴未艾。发展有线电视的根本目的，是为了让更多的观众看到和看好多套电视节目，有效地提高电视节目覆盖率。因此，有线电视一开办，就明确了"转播上级无线电视节目为主，自办节目为辅"的方针。同时，发展有线电视，将有一定的经济效益。但是，我们追求的是整体经济效益和最终经济效益。目前有少数地方，从各自的眼前利益出发，或者想自成体系，或者想建多套网络，或者想靠有刺激性的录像节目来吸引用户。这样，既损害了有线电视的社会效益，也损害了有线电视的整体经济效益和最终经济效益。从长远来看，如果不改变这种状况，必将生出多种矛盾，最后也影响这些地方的经济效益。所以，增强全局观念，对于保证有线电视建设的速度、质量和效益，尤为重要。各地应当从广播电视事业建设的大局出发，从有线电视的整体社会效益和长远经济效益出发，按照全省统一规划，卓有成效地发展有线电视事业。

增强全局观念，还必须认真处理好广播电视社会效益和经济效益的关系。广播电视是党和政府的喉舌，是人民的喉舌，是为建设有中国特色社会主义服务的现代舆论工具。我们必须始终坚持把广播电视的宣传效益即社会效益放在第一位，坚持把正确的舆论导向放在第一位。当然，要取得好的社会效益，必须使广播电视系统保持足够的经济活力即良好的经济效益，这样才能促使广播电视事业不断向前发展。那么，好的经济效益从何而来？只能从发挥广播电视整体优势而来，只能从深化内部改革调动创收积极性而来，只能从用好用够用活上级给的政策而来，而决不能损害社会效益来换取经济效益。现在，有极少数地方，不顾上级三令五申，不顾群众的呼声，多次擅自在转播台插播未经审批的录像节目，插播广告节目。这既是违反宣传纪律的行为，也是损害全局利益的行为，必须予以坚决制止。有关地方的同志，在加强宣传纪律的同时，应当增强全局观念，端正指导思想，自觉维护好广播电视全局利益。

唯物辩证法认为，局部构成全局，没有局部就没有全局。但是，全局不是局部的简单总和。局部隶属于全局，没有全局也就没有局部。就事物的整体和发展过程来说，全局体现着事物的主要性质，代表着事物发展的矛盾的主要方面。各级广播电视部门的同志，都要做到胸中有全局，胸中有重点，团结协作，努力奋斗，争取全省广播电视事业发展得更快更好！

（本文原由湖南《视听业务》以"本刊评论员文章"，刊载于 1991 年第 5 期。）

对勇于改革的同志不要吹毛求疵

当前，以城市为重点的整个经济体制改革，正在各条战线深入展开。改革，必然要引起人们的经济生活、社会生活、工作方式和精神状态的一系列深刻变化，也必然要涉及人们的切身利益。因此，不可能不引起各方面的强烈反响。当然，大多数同志都在积极投身改革。但是，也有某些人，抓住改革中的细枝末节问题，吹毛求疵，甚至任意夸大，自觉或不自觉地给改革带来了某种阻力。这种现象，必须注意克服。

所谓吹毛求疵，无非是对勇于改革的同志的成绩、经验视而不见，而抓住人家的缺点、失误大做文章，以否定人家的主流。这从思想上来说，实际上是形而上学思想方法的一种表现。今天的改革之路，前人没有走过，需要我们去勇敢探索，不断积累经验。从前段情况来看，农村的改革已经取得了成功的经验，城市的改革也已经使各条战线出现了活力。这是有目共睹的事实。但是，改革既然是一个探索的过程，就不可避免地会出现某些缺点和失误。对于勇于改革的同志来说，某些考虑不周或难以预料的事情也会出现。然而，改革毕竟已取得很大的成绩，我们的出路也只有在于改革。对改革的成果视而不见，抓住某些枝节问题，对改革的前景表示怀疑，这种思想方法不利于我们的改革事业，是应当抛弃的。

另外，有些人对勇于改革的同志吹毛求疵，除了思想方法上的原因之外，还在于个人主义的思想意识在作怪。他们不是站在国家利益和人民利益的立场上，去看待改革和对待改革中出现的问题，而是站在个人主义的立场上，去观望改革的。勇于改革的同志在那里拼命地工作，广大群众为改革献计献策。而有的人呢，却在那里或者袖手旁观，或者暗中拆台。甚至抓其一点，造谣中伤。他们这样做，无非是为了达到个人的某些目的而已。有些地方改革难，难就难在这里。作为一个胸怀共产主义理想、严守革命纪律的共产党员，毫无疑问，要积极投身改革，大胆支持改革。如果在一旁观望改革，甚至抓住枝节问题拆改革的台，对勇于改革的同志进行造谣中伤，这哪里还有理想可言？哪里有纪律可言？

要克服对勇于改革的同志吹毛求疵的不正常现象，关键在于各级领导机关和领导干部，要大胆支持改革。必须明确，改革仍然是我们的首要任务。只有深入改革，才能贯彻落实好党的全国代表会议精神，才能为完成"七五"计划创造良好的条件。要坚定不移、慎重稳妥地搞好改革，重要的一条，就是领导者要为勇于改革的同志鼓实劲。前不久，娄底市皮革厂厂长颜跃明，因为改革遭到非议而要求辞职。后来在娄底市党政领导同志的有力支持下，又担负起了改革的重担。娄底市党政领导同志的做法，就很值得提倡。事实上，只要领导机关和领导同志，大胆地、及时地对勇于改革的同志予以支持，改革就一定能冲破各种阻力，取得新的成果。

（本文原由湖南人民广播电台以"本台评论员文章"，于1985年10月11日《全省新闻联播》节目头条播出。）

励精图治

查阅《汉语成语词典》，读到"励精图治"一条。掩卷细思，深感字字千钧！"励精"者，振作之意也；"图治"者，治国之方也。我们大步向四化迈进，励精图治何其重要！

有"励精图治"之志，首先要有为国分忧之心。只有时刻想到国家的盛衰、民族的兴亡，才能自觉地激励斗志，谋求治国良策。春秋时代的越王勾践，正是时刻想到了亡国的奇耻大辱，力图越国重新崛起，才会甘愿"卧薪尝胆"。南宋时代的民族英雄岳飞，之所以有"驾长车、踏破贺兰山缺"的英勇气概，也是因为他在外敌入侵、山河破碎之际，怀有"待从头、收拾旧山河"的雄心壮志。诚然,我们今天的社会,与勾践、岳飞所处的时代不同。然而,那种"励精图治"的精神,却仍是我们顺利进行四化建设所必需的。

当然,要做到励精图治,仅仅为国担忧是不够的,还必须勇于为国献身。三国时代的诸葛亮,为了"汉室之隆",统一中国,真是做到了呕心沥血。他夙夜忧叹,寝不安席,食不甘味,乃至鞠躬尽瘁,死而后已,其献身精神是相当感人的。今天,我们为之奋斗的四化事业,更需要我们披肝沥胆、艰苦奋斗。如果离开了艰苦的努力,振奋精神就只是句空话,贡献才智也只能是儿戏之谈。

也许有人会说,励精图治固然重要,但我区区小民,无关宏旨。这种把自己游离于整个中华民族复兴事业之外的想法,无疑是错误的。常言道:"国家兴亡,匹夫有责。"励精图治的宝贵气质,正是通过全国人民的共同努力而得以继承、发扬的。我们不仅各级领导干部要一马当先"驾长车",全体人民也应扬鞭策马"冲前阵"。只要每个同志都为四化"鞠躬尽瘁,死而后已",那么,我们的国家就一定能振兴,中华民族就一定会耸立于世界民族之林!

(本文原载于 1980 年 2 月 20 日《株洲日报》,湖南人民广播电台《全省新闻联播》节目"解放思想杂谈"专栏 1980 年 2 月 28 日播出。)

"敢为天下先"

世界上的万事万物,都在一定的时间和空间中运动着、发展变化着。正因为受一定时间和空间的限制,万事万物的运动变化,又总是有先有后。然而,这只是问题的一面。另一面是,人们可以通过自己的主观努力,创造客观条件，促使事物的先后次序发生变化。这才是辩证唯物主义的观点。

在今天改革的时代，我们很需要这种辩证唯物主义的观点。其实，许许多多立志改革的有识之士，也正是运用这种观点，把我们的事业推向前进。比如，长沙县委书记袁汉坤，去年就响亮地提出了这样一个口号："敢为天下先。"这个口号，并不是写在纸上、贴在墙上，赶个什么"浪潮"，而是实实在在的行动。1986 年，这个县的乡镇企业总产值达到了 5．2 亿元，在全省各县市中名列第二。但是，长沙县的干部群众并不甘心。1987年，他们在"敢为天下先"的精神鼓励下，努力奋斗，使全县乡镇企业总产值达到了 8 亿元，终于夺得了全省第一，摘取了桂冠。在这里，我们不难看到，"敢为天下先"，既显示着改革者的气势，更体现了辩证唯物主义者的魄力。

"敢为天下先"，最可贵的，就在于"敢"字当头。要使自己的工作走在别人的前头，而且在"天下人"之前领先，这没有一点勇气是难以做到的。尤其是今天的各项改革事业，都是在探索前人所没有走过的路。要在这种探索中，披荆斩棘，领先向前，必须有一股不畏艰险、敢与强手争高下的勇力。改革的时代，也是竞争的时代。当把竞争机制引进各个领域、各个行业之后，我们面临的是一种万马驰骋、龙腾虎跃的局面。在这强手如林、群雄崛起的时候，我们能不能"为天下先"，首先在于敢不敢"为天下先"。我们有的同志，无论是在平时的工作中，还是在改革的关键时刻，总是瞻前顾后、左等右盼，恐怕缺少的还是这种"敢为天下先"的勇气。而缺少这种勇气，只会成为改革中的弱者。作为弱者，是不能登上改革的领奖台的。世界著名的美国短跑运动员卡尔·刘易斯，说过这样一句话："我希望人们能将我视作卡尔·刘易斯第一。"这句咄咄逼人的话，是他在参加1984 年奥运会前夕说的。正是凭着那种不争第一誓不休的精神，卡尔·刘易斯在这一届奥运会上，一举夺得四块金牌。

然而，卡尔·刘易斯"敢为天下先"的勇气，又是建立在脚踏实地的基础之上的。他在夺得四块金牌后说道："我很清楚取得成功所要具备的条件。它需要作出艰苦的努力，需要有周密的计划，需要调动一个人的全部精神力量。"可见，要做到"敢为天下先"，既要有不屈不挠的勇气和毅力，还要有稳打稳扎的求实精神。"敢为天下先",不能仅仅是一种主观愿望。更重要的,应当是我们在实践中实实在在的努力。愿更多的人,在改革的实践中,来理解这句话的真正含义。

（本文原由湖南人民广播电台《新闻和报纸摘要》节目"星期天漫谈"专栏 1988 年 1 月 17 日播出。）

"海终究比湖大!"

前不久,海南省委、省政府领导同志率领一班人马,对湖南广电事业作了为期一周的考察。在一次座谈会上,海南省委常委、宣传部长洪寿祥感慨地说:"湖南的广电事业发展很快,我们感到湖比海大。"在座的湖南省委常委、宣传部长文选德不假思索接着说:"湖南的广电事业取得了一定成绩,但还有许多不足。海终究比湖大!"两省宣传部长的巧喻,引发了一阵笑声,更使人觉得语意隽永。

"湖比海大",从某一部分、某一区域来说,有时也确实如此。一汪湖水,可能比一角海湾要宽;一片湖光山色,可能要比一处海岛沙滩要美。但是,这毕竟是一种局部现象、一种暂时现象。海南人感叹"湖比海大",他们所着眼的是湖之所长、湖之所优、湖之所美。这充分体现了他们的谦恭胸怀和宽宏视野。然而,湖者,陆地积水的大泊也;海者,大陆之外仅次于洋的水域也。海之所阔,海之所丰,海之所壮,湖难以与之相比。且江湖之水,奔流东去,终归于海也。对于湖南来说,出省之外皆为"海"。因此,湖南人感叹"海终究比湖大",反映了事物的全貌、事物的本质,也反映了湖南人的自知之明,当为至理之所在。

"海终究比湖大",虽是不易之论,却并非大家皆知。如庄子笔下的那只井蛙就不知海之大,盲目满足于在井栏上乘凉,在井泥中打滚,甚至认为"坎井之乐，此亦至矣"。当得知大海"千里之远，不足以举其大；千仞之高，不足以极其深"时，那只井蛙才"适适然惊，规规然自失也"。还有一位河伯，也不知海之大，站在黄河边"欣然自喜，以天下之美为尽在己"。后来顺流东行，见到北海，才知自己渺小，不禁望洋兴叹。可见，不知"海终究比湖大"，其根本原因，在于不能正确认识自己，不能正确认识他人，不能正确认识世界。所以，要知"海之大"，必须谦虚谨慎，勤于学习知识，博于了解世界。

当然，认识到"海终究比湖大"，并不是守之于湖、困之于湖，而是要立身于湖，游向大海。老是在湖里面扑腾扑腾，尽管见过一些风浪，终归只是"洞庭湖的麻雀"；只有在大海中迎风搏浪，才能成为"暴风雨中的海燕"。尤其是在中国加入 WTO 之后，排空而来的海风海浪，既给我们乘风辟浪带来了新的挑战，也为我们扬帆出海领略新的风光提供了新的机遇。但是，海毕竟不同于湖。要从湖泊游向大海，既要有勇气，更要有跃之于海的实力；既要有志向，更要有搏之于海的技艺。海阔天空，既诱惑人，更考验人。

识得"海之大"，方知"湖之小"。湖南人明此理，湖南将大有希望；湖南广电人明此理，湖南广电事业将大有希望！

（本文原载于 2000 年 6 月 10 日《湖南广播电视报》，获《湖南广播电视报》2000 年度立言杂文创作评选二等奖。）

走出"桃花源"

千百年来，人们把那种自给自足、怡然自乐的生活，称为"桃花源"式的生活。今天，我国广大农民大都过上了不愁吃穿的日子。然而，党的富民政策，并不是要人们满足于"桃花源"式的生活，而是要开创更广阔的富裕道路。当前的农村经济形势，也已经向广大农民发出了新号召：走出"桃花源"！

走出"桃花源"，是农村经济发展的必然要求。当然，自给自足的生活，比起过去那种吃"大锅饭"的穷日子，要好得多了。"有良田、美池、桑竹"，粮食满仓，猪羊满圈，再加上"屋舍俨然"，住上一栋新房，来了客人能"设酒杀鸡作食"，过上这样的生活，不论老人小孩，也就"怡然自乐"了。然而，这种"食有鱼，居有竹"的安逸、温饱的生活，毕竟只是自给自足的小农生活。这种生活的富裕程度是很有限的。我们要使亿万农民都过上"小康"生活，要实现农业现代化，眼光就不能停留在这种"温饱"型的生活水平上，而应当着眼于如何增加农业生产的投入，着眼于发展农村商品经济。实际上，如果不把自给自足的产品经济转化为商品经济，广大农民就不可能真正富裕起来。农村经济的发展，已经要求农民要学会运用新信息、运用新技术，要学会经营商品生产。要做到这些，就必须走出"桃花源"！

走出"桃花源"，最重要的，是要改变那种"桃花源"式的小农经济观念，树立现代商品经济观念，立足本地资源，寻求长远的致富之路。这样，就要求广大农民，从传统观念上走出"桃花源"！确实，多少年来，农民们没有过上几天舒适的日子。现在，有饭吃了，有衣穿了，在心理状态上就很容易满足。还有不少农民，手头有了一点收入，没有想到如何发展今后的生产，而急于考虑的是，建一栋好房子，收一个好媳妇。到头来，房子建了，媳妇收了，钱也花光了，暂时的富日子又变穷了。生产呢，还得从头搞起。所以，从长远来看，自给自足并不能带来长远的富裕。现在，不少有眼光的农民，已经看到了这个问题，他们已经试图走出"桃花源"了。比如，株洲县有一位农民，这几年种责任田有了收入、有了粮食。他没有急于改建旧房、改善生活，而是砍掉了原来不赚钱的桃树、李树，花一大笔钱栽上了大片橘树。又用剩余的粮食，喂养了大批良种鸡鸭。他在生产上的投入，已经在商品经济中喜见成效。这位农民，是很有经济头脑的。他没有在生活上满足于暂时的安逸和眼前的温饱，而是在寻找一条最根本的致富途径。他的眼光，看到了"桃花源"之外的世界。从经济观念上来说，他正在走出"桃花源"！

走出"桃花源",对于农村基层干部来说,在今天的新形势下显得更为重要。这几年,农民的生活好起来了,有些干部觉得工作做得差不多了,不知不觉地陶醉在田园风光之中。"问今是何世,乃不知有汉,无论魏晋。"这种盲目满足的思想,正是自给自足的封闭经济观念的体现。这些同志只要走出"桃花源",就不难看到本地的差距。近几年,临湘县的经济发展较快,农民的富裕程度不断提高,有些干部盲目乐观了。今年上半年,县领导带领基层干部走出"桃花源",到邻近的湖北省几个县参观考察,大家才知道"山外青山楼外楼",本地仍然很落后。要赶上别人,只有一条路可走,那就是发展商品经济。看来,要把农村经济搞得更活,农村干部们在思想观念上走出"桃花源"是至关重要的。倘若干部们还在"秦人古洞"里自我陶醉,无疑他们所在的那个地方,就会"桃花依旧",落在别人的后头。

(本文原由湖南人民广播电台《新闻和报纸摘要》节目"星期天漫谈"专栏 1986 年 8 月 17 日播出。)

请注意"看齐"!

"看齐",是集合、整顿队伍时常用的口令。一声喊"看齐",整个队伍精神振作,目标一致,锐不可当。个别站得不正的队员,只要听到"注意看齐!"便要自觉审视自己的立足点,把身子和脚跟摆正。

毛泽东同志在《"七大"工作方针》一文中,用"看齐"来比喻加强革命队伍的团结一致,形象而又寓意深刻。他说道:"一个队伍经常是不大整齐的,所以就要常常喊看齐。""我们要向中央基准看齐,向大会基准看齐。看齐是原则,有偏差是实际生活。有了偏差,就喊看齐。"这些话,对于我们目前改变政治思想上的软弱、涣散的状态,把思想统一到党的十一届三中全会的精神和六中全会通过的《决议》上来,是很有实际意义的。

一支队伍，如果不经常喊"看齐"，大家各行其是，各朝一方，涣散下去，就会不成其为队伍，就会上不得阵，以致打败仗。因此，"看齐"是一个原则。我们的共产党所领导的革命队伍，不同于梁山泊绿林好汉的队伍，不同于李自成领导的农民起义队伍。我们的队伍，是有着远大的奋斗目标、有着马克思主义科学世界观、有着严密的组织纪律的铁的队伍。所以，"看齐"的原则，丝毫也不能动摇。六十年来，正是因为我们党经常喊"看齐"，广大党员自觉地"看齐"，全党才保持了团结统一，从而取得了一个又一个的胜利。今天，我们要实现建设社会主义现代化强国的宏伟目标，必须在全党继续提倡"看齐"。

党中央重申的四项基本原则，是全党团结战斗的共同的思想基础。三中全会的方针政策，是我们实现伟大历史转折的正确向导。六中全会通过的《决议》，是我们党在指导思想上完成拨乱反正的光辉文献。这都是党中央的基准，是我们"看齐"的基准。每个党员，每个革命者，应该自觉地向党中央这个基准"看齐"。当然，同在一个队伍，个子有高矮之别，认识有深浅之分。要大家的思想绝对一致，没有一点差异，是比较难的。但是，作为革命队伍中的一员，就应该努力使自己的眼光向中央基准看得齐一些，使自己的步子与中央基准的差距小一些。这就需要经常检查一下自己的弱点和缺点，运用好批评与自我批评的武器。

有极少数同志，由于受不良思想影响，由于多年积习未改，涣散惯了，自由主义搞惯了，在中央多次喊了"看齐"之后，就是不听，老是站得不正。有的甚至跟着歪风邪气跑，损害革命队伍的团结统一，涣散革命队伍的斗志。这样的同志，应当勇于作自我批评。其他同志也有责任，拿起批评和自我批评的武器，帮助他们认识不向中央基准"看齐"的危害性，认识涣散、自由化的严重后果。这样的批评，应当是中肯的、尖锐的，而不是轻描淡写的、软弱的。批评的目的，不是把他们推出革命队伍之外，而是帮助他们纠正思想认识上和实际工作中的偏差，提高向中央基准"看齐"的自觉性。从而，使他们跟上整个队伍的前进步伐，奔向实现四化这个共同的目标。

（本文原载于 1981 年 8 月 29 日湖北《长江日报》。）

"龙舟竞赛"的力量

　　春去夏来，又是五月端阳好风光。在这万物显现勃勃生机的时刻，按照我国的传统习俗，人们又要引出龙舟，扬起旌旗，敲响锣鼓，在江河湖港，摆开龙舟竞赛的阵势。

　　确实，龙舟竞赛的场面是蔚为壮观的。初唐诗人张说，在当时的岳州即现在的岳阳，观看了这种竞赛后，曾写下这样的诗句："画作飞凫艇，双双竞拂流。"比赛的小艇，像飞起来的野鸭子一样，拨开清流勇往直前，谁也不甘落后。到了唐代中期，诗人张建封又作了一首《竞渡歌》，其中写道："鼓声三下红旗开，两龙跃出浮水来。"竞赛的两只船，犹如一对出水蛟龙。可见，是很有气势的了。龙舟竞赛发展到今天，已经不是一对对来争先后，而是几十只甚至上百只龙舟来一齐显身手、争高下。竞赛时，不仅船上有锣鼓鼓劲，而且岸上还有高音喇叭助威。然而，不论怎样，龙舟竞赛都是力量的竞赛。谁的力量强，谁的力量能充分发挥出来，谁就能在竞赛中一举夺魁。

　　那么，龙舟竞赛的力量从哪里来呢？有人说，来源于团结，来源于齐心协力。这当然没有错。但是，我觉得，准确地说，龙舟竞赛的力量，来源于高度的集中统一。南宋初年的孟元老，在《东京梦华录》一书中，曾细致地描绘了当时龙舟竞赛夺标的情景。每当竞赛开始，"船头有一军校，舞旗招引，乃虎翼指挥兵级也"。那位"舞旗招引"的军校，对于统一参赛者的行动，汇聚参赛者的力量，是起了至关重要的作用的。而这种"舞旗招引"的作用，就是"集中统一"的作用。如果没有"舞旗招引"的指挥者，参赛者东划一下，西划一下，纵然大家都浑身使劲，也是难以形成强大向前的力量的。所以，时至今日，尽管龙舟竞赛的式样改换了许多，形式也各有不同，但那站立船头、身披彩缎、手举旌旗的指挥者，无论如何不可缺少。由此可见，龙舟竞赛的力量，与"舞旗招引"的作用，是密不可分的。

从龙舟竞赛，我联想到了当前的社会主义现代化建设事业。如果把这项事业比作龙舟，划动这艘龙舟的则是全国人民。而党的十一届三中全会以来的路线、方针和政策，则起着"舞旗招引"的作用，以保证这艘"龙舟"驶向既定的目标。实际上，在龙舟竞赛时，每个人都可以充分发挥自己的聪明才智，贡献自己的全部力量。但是，必须服从正确的统一指挥，必须朝着一个共同的方向。这就体现了民主和集中的高度统一。如果像有的人说的那样"民主就是我为主"，每个人各自争着一把桨，按照自己的个人意愿乱划一气，就不可能汇聚成前进的力量，弄不好还会造成翻船的危险。所以，在高度民主的基础上实行高度集中，在高度集中的指导下实行高度民主，这是我们的"龙舟"顺利前行的重要条件。我们要达到胜利的彼岸，一时一刻也离不开这样的条件。

（本文原由湖南人民广播电台《新闻和报纸摘要》节目"星期天漫谈"专栏 1987 年 5 月 31 日播出。）

"承受能力"的另一面

随着各方面改革的深化，人们越来越多地谈到"承受能力"的问题。我们的党和政府，在实行每一项重大改革措施时，都很重视如何适应人们的承受能力。这对于取得社会各界人士的理解和支持，避免误会，消除不安定因素，取得好的改革效益，无疑是必要的。但是，我觉得这只是问题的一面。另一面是，作为参与改革的人民群众，也应当在改革过程中，努力增强自己的承受能力。

在改革过程中，人们所处的社会环境、经济环境以及各自的思想文化素质、心理素质有所不同，因而对改革的承受能力也就有着较大差异。一项改革措施出台，要做到适应所有人的承受能力，这实际上是不可能的。我们实行改革，主要是从大局、整体、长远来考虑问题的。因而也就只能适应大多数人的承受能力，而不可能尽善尽美地顾及到每个人的承受能力。比如，实行劳动制度改革，总的目标是打破"大锅饭"，充分发挥每个劳动者的积极性。这就需要引进竞争机制，在竞争中做到优胜劣汰。对于这种改革，大多数人是能适应的。而那些文化技术素质和劳动态度差的人，其承受能力就要弱一些。我们决不能因为会遇到这类情况，就不进行这方面改革。相反，只有在深化相应的改革中，这些人的承受能力才能不断增强。

人们在改革中的承受能力，归根结底，是与他在改革中得到的利益紧密相连的。有些人的承受能力比较弱，除了因为他在改革中得到的利益比较少之外，主要的原因，还在于他只看到眼前的、既得的、局部的利益。因此，要增强人们对改革的承受能力，党和政府应当考虑到某项改革措施，给人们带来的各种实惠。但更重要的，人们应当正确对待改革中各方面的经济利益的调整。比如，当前进行的价格体系的改革。要理顺各种价格关系，尤其是理顺农副产品与工业品价格之间的关系，就必须把某些价格放开，运用价值规律来调节。这种放开和调节，不可避免要增加某些价格上涨的因素，从而使一些经济收入少的人觉得难以承受。然而，价格体系的改革，目的在于促进生产发展，对人民的长远利益和国家的全局利益有利。如果我们把眼光放到这个角度来观察和思考问题，无疑是能够增强对价格体系改革的承受能力的。

要增强人们对改革的承受能力，还有重要的一点，就是要提高对改革宣传的透明度。人们对某项改革措施的认识和理解程度如何，往往与人们对这方面改革承受能力的强弱有很大关系。前一时期，长沙市出现一股粮油抢购风，原因之一就在于当时宣传解释工作做得不够，致使人们对某些方面应当进行的改革一时认识不清，因而心理上缺乏承受准备。而最近四种主要副食品由暗补改明补，实行价格放开，由于宣传解释工作做得及时和比较充分，人们的承受能力明显增强，使这方面的改革措施出台十分顺利。这说明，只要人们真正认识和理解了改革，懂得了改革能给社会和人们带来好处，就能不断增强对改革的承受能力，适应改革的新形势，从而有利于加快改革的步伐。

（本文原由湖南人民广播电台《新闻和报纸摘要》节目"星期天漫谈"专栏 1988 年 5 月 15 日播出。）

也谈"三个和尚没水吃"

我们中华民族，是勤劳勇敢的民族。因为勤劳，才创造了我们民族文明的历史。所以，自古以来，就流传着大禹治水、愚公移山、精卫填海、女娲补天的神话传说和寓言故事。但是，由于思想意识和制度方面旧的传统因素的影响，在九州大地上，也不可避免地产生懒惰之徒。所以，自古以来，又流传着"一个和尚挑水吃，两个和尚抬水吃，三个和尚没水吃"的俗语。

"三个和尚没水吃"，看起来是懒惰造成的。其实，这只是一种现象。为什么"三个和尚"相聚一起，就会产生懒惰，继而产生"没水吃"的严重后果呢？人们也对这个问题进行过许多次议论。议论来议论去，不少人认为，"三个和尚"相处在一块，容易产生"相互依赖"的思想。"我靠你，你靠他"，都来偷懒，谁也不愿挑水。于是，就造成了"没水吃"的局面。这种分析，也有一定的道理。但是，我觉得，"三个和尚没水吃"，还有更深层次的原因。

比如，分配上的平均主义思想，由此而出现的劳动上的平庸态度，就严重影响着"和尚们挑水"积极性的发挥。"三个和尚"相处一起，只能彼此一般，大家都平平庸庸过日子，于是相安无事。如果谁冒了一点尖，多挑了一点水，多喝了一点水，各种不可捉摸的风言风语就会随之而来。一个和尚多挑了两担水，就会无端地被说成是"出风头，争名利"。同时，还可能受到莫名其妙的指责："挑水时洒了一点水，这是挑水的水平不高的表现。"直到弄得这个和尚的积极性完全消失了，大家又都恢复了平庸状态，才又风平浪静。如此下去，久而久之，水缸里的水就会越来越少，最后结局只能是"三个和尚没水吃"。

又如，管理体制上的种种弊端，也是造成"三个和尚没水吃"的重要原因。本来，三个和尚每天还坚持各自挑一点水。可是，某月某日，上头的"挑水管理局"来了一纸红头文件，要求对口成立"挑水领导小组"，成立"挑水协会"，还有没完没了的"挑水学术讨论会"、"挑水现场经验交流会"、"掀起挑水新高潮誓师动员会"。于是，三个和尚，开会的开会，借调的借调，哪里还有什么时间"挑水"。虽然三个和尚一致认为"要振兴挑水事业"，但是，挑水的和尚越来越少，何从可谈"振兴"！到头来，不能不出现"三个和尚没水吃"的局面。

看来，要解决"三个和尚没水吃"的问题，最重要的，还是要落实"挑水"的责任、权力和利益。把责、权、利有效地统一起来的形式，就是承包责任制。当然，这种承包责任制必须是彻底的。如果一个和尚包管理扁担，一个和尚包管理水桶，一个和尚包挑水，那还是"放碗不放筷子"的"大锅饭"，是包不出积极性的。只有将责、权、利真正统一起来，大家才会自觉打破平庸，争相"冒尖"，激发出挑水的积极性。

另外，"三个和尚没水吃"还有一个重要原因，就是挑水的和尚太少，议论挑水的和尚太多。因此，合并"庙宇"，精简"和尚"，充实挑水第一线，势在必行。只有撤销那些无关痛痒的"挑水协会"，减少那些空泛议论"挑水"的某些会议，再加上切实可行的承包责任制，三个和尚才能集中精力，从事和发展挑水事业。这样，不仅"三个和尚有水吃"，而且还能吃上最好的水。

（本文原由湖南人民广播电台《新闻和报纸摘要》节目"星期天漫谈"专栏 1987 年 8 月 30 日播出。）

踏步与腾飞

送别虎年，迎来兔年。说到兔子，不由得又让人想起"龟兔赛跑"的寓言。在一般动物中，兔子算是跑得比较快的了。然而，正因为兔子跑得快，却使它在和乌龟的赛跑中产生了盲目性，导致它在比赛中失败。许多人都说，兔子败于骄傲。其实，这中间还有一个重要原因，就是兔子缺乏踏实精神。而在踏实这一点上，乌龟却是值得赞扬的。

新年开始的时候，说这些话，并不是提倡大家都像乌龟那样慢吞吞地爬行。我想说的是，发扬脚踏实地的精神，对于我们在新的一年里，搞好改革和开放，搞好经济建设，是非常重要的。

这几年来，我们有些同志，很喜欢"腾飞"这个词，动不动就用"经济腾飞"、"科学腾飞"、"教育腾飞"来表示自己的"雄心壮志"。所谓"腾飞"，"腾空飞翔"的简称罢了。又是"腾空"，又是"飞翔"，当然要比那种踏步前进有气势多了。既然又要"腾"又要"飞"，没有快速度、加速度是不行的。于是，"提前翻番"、"增两位数"的口号应运而生，追求绝对的增长值成了一些人的工作目标。而产品质量、经济效益、资源保护、长远利益，则在这种"提前翻番"的口号声中，越来越被一些人轻视或忽视。但是，忽视产品质量，不讲求经济效益，不顾长远利益的做法，必然要受到经济规律的惩罚。事实上，"提前翻番"、"增两位数"的"腾飞"，也并没有使一些地方真正"腾飞"起来。

这些教训，主要是因为有些同志缺乏脚踏实地的精神。脱离客观实际，违背客观规律，单纯追求"指标"、"数量"上的"腾飞"，当然是难以"飞"起来的。人类在发明飞机之前，不少人就试图做一副人造翅膀，绑在双臂上，从房顶上纵身"腾飞"。这种"飞翔"的结局，只能是摔在地上。人绑了"翅膀"为什么还飞不起来，原因很简单：这种"翅膀"，违反了科学规律；这种"飞翔"，脱离了客观实际。今天，我们搞经济建设也是一样，必须要从各地的实际情况出发，要踏在实地上才能迈开坚实的步伐。如果不顾客观实际，绑上"翅膀"盲目"腾飞"，其结果只能是事与愿违。

脱离实际的"腾空飞翔"，比不上立足大地的踏步前进。在兔年开始的时候，去掉兔子盲目快跑的冒进性，增强脚踏实地的精神，对我们的各项工作尤其是经济工作，是大有益处的。

（本文原由湖南人民广播电台《新闻和报纸摘要》节目"星期天漫谈"专栏 1987 年 2 月 1 日播出。）

"飞"的随想

儿时做梦，常进入"飞"的境地：两臂一展，飞过高山，飘过河川，好不逍遥自在。然而，一觉醒来，并没有"飞"起来，不得不遗憾一番。确实，在从猴子到类人猿、从类人猿到人类的进化过程中，人类从脑到四肢都发生了很大的变化。但是，由于遗传基因的因素，直到今天，人类只能直立行走，不可能生出一副翅膀在天空飞翔。

人虽然不能飞，但对能飞的鸟类、昆虫类，却是很羡慕的。"鸿雁于飞，肃肃其羽。"鸿雁在蓝天展开双翅，羽翅不断发出沙沙的声响。《诗经·小雅》中的这两句描述，就是古代人们对鸟儿飞翔状态的一种艺术概括。自古以来，人们不仅羡慕能飞的鸟，而且对此还展示了极大的想象力。庄子在《逍遥游》中，所描绘的自鲲而变为鹏的大鸟，其飞的本领就异乎寻常："水击三千里，抟扶摇而上者九万里"。鹏之举，其气势之大，力量之强，恐怕在能飞的动物中无与伦比了。

实际上，人类对于飞，并没有仅仅停留在羡慕和想象的阶段，而一直在经过若干次飞行试验，运用科学技术，飞向天空。但是，这中间不知吃了多少苦头。据传说，人类最早曾仿效鸟类，做一副翅膀绑在双臂上，从屋顶上跳下飞行。由于人体的重量超过了翅膀的浮力，当然难以飞起来。据科技史记载，人类第一次飞上天空，是乘坐热气球。1783 年 11 月，法国巴黎一名试飞者乘坐热气球，由于没有把握重量，气球一下飞到三千米高空，致使他饱受了高空寒冷和缺氧之苦。在这以后，许多人又进行过无数次飞行试验，有的为此献出了生命。像热心飞行的奥特·利连萨尔，就滑翔过两千多次，最后坠亡于试飞。直到 1903 年 12 月，美国的奥维尔·莱特和他的兄长，终于第一次驾驶飞机飞行成功。所以，从人类羡慕飞，到飞上天空，经历了一个十分艰难的历程。就在人类发明了运载火箭、人造卫星、航天飞机的今天，也仍然出现了美国"挑战者"号航天飞机爆炸的事件。这就说明：飞，是一件多么不容易的事情。

然而，人类毕竟还是实现了"飞"的梦想。从人类飞行的历程中，我们不难看出，人类能"飞"，关键在于要掌握科学技术，要遵循客观事物的发展规律。所以，在"飞"的问题上，也必须要有求实精神。

从人类在空间的飞，我又联想到了现在我们经济建设中的"飞"。这几年，我们一些同志，很喜欢用"腾飞"来表达自己的"雄心壮志"。希望我们国家的经济"飞"起来，这种心情不能说不好。但是，能不能"飞"，如何"飞"，这里就有一个从实际出发的问题。如果不顾客观实际，"展开想象的翅膀"，搞什么"提前翻番"，或者追求经济的绝对增长值，这就有点像绑着人造翅膀，从屋顶上跳着"飞"，是难以"飞"起来的。有的地方单纯追求生产增长的绝对值，搞"高速度"、"加速度"，表面上生产上去了，实际上产品质量、经济效益、长远利益受到了影响。这种"飞"，岂不是坐"热气球"飞向寒冷、缺氧的"高空"么？所以，希望我们的经济建设"飞"起来，光有想象力还不行，还必须有求实精神。只要我们从中国的国情出发，从各地的实际出发，讲求科学，我们经济建设的腾飞，就绝不是"梦境"，而一定能成为壮丽的现实。

（本文原载于湖南《记者文学》1987 年第 2 期。）

"和而不同" 大胆创新

"和而不同"，见于《论语·子路》篇。其全句是："君子和而不同，小人同而不和。"这里所说的"和"，是指总体上的和谐、统一性；所说的"同"，是指做法上的一样、无变动。这句话的意思是：君子办事既坚持统一性，又在具体做法上有所创新，使事情办得恰到好处；小人办事只知道盲从附和，没有自己的不同意见，结果事情还是办不好。

孔子以君子、小人之别，得出办事方法不同的结论，固然不当。但是，他主张在办事过程中讲究思想方法和工作方法，却是可取的。"和而不同"与"同而不和"，方法两样，效果各异。联想到我们在四化建设中如何发挥工作的主动性和创造性，"和而不同"的方法是值得借鉴的。

"和"，从今天的意义上来说，就是各级党组织要在政治上保持同党中央的一致性，就是要坚定不移地贯彻执行党中央的路线、方针和政策，就是一切要顾全、服从四化建设这个大局。做到"和"，是顺利进行四化建设的重要前提。因此，加强党的民主集中制，提高执行党的路线、方针和政策的自觉性，增强以四化大局为重的观念，无论对于各级党组织，对于每个共产党员和革命同志，都是十分重要的。

然而，我们各级党组织、每个领导者和每个革命同志，都是在特定的环境和条件下工作的。所以，我们应当根据不同的实际情况，以不同的工作方法，创造性地进行工作，使党的路线真正落到实处。这也就是"不同"在今天的含义。应该看到，时间的先后，单位的不同，环境的改变，各种情况就有着很大的差异。同样开展一项工作，各地的情况不一样，所采取的办法、措施也就大有所异。在这里，如果没有敢于打破"老框框"的勇气，没有创新精神，是什么事也办不成的，是不可能取得好的工作效果的。

令人遗憾的是，在一些单位和部门，在某些领导者那里，那种办事不从实际出发、不敢创新、不讲求实际效果的现象，还严重存在着。他们对于党的路线也是"坚决执行"的，但只是表现在形式上。他们的各种报告、文件里面，都有"党的路线"、"上级精神"，但却没有本单位的具体情况和具体落实的办法。他们对于四化事业也是"热心"的，但只是停留在口头上。他们作动员、发号召都是"大干四化"，而本单位的生产究竟怎样发展，产品种类和质量如何换代和升级，却没有具体措施。长此下去，结果只能是"同而不和"。看起来好像是在执行党的路线，实际上却把党的路线束之高阁。看起来好像是在干四化，实际上却贻误了四化事业。

这些问题存在的根本原因，是某些同志在思想方法上还没有摆脱本本主义的束缚，因而在工作方法上也就没有改变那种"照搬照抄"的老套做法。四化建设事业的发展，是不允许这种现象长久存在下去的。我们每个有志于四化事业的同志，都应该在各自的岗位上，发挥创造性，做到"和而不同"，大胆创新，使各项工作都有新的起色。

（本文原载于 1980 年 8 月 12 日《株洲日报》。）

用辩证观点看得失

人们做任何事情，都会衡量一下得失。得不偿失的事，一般不会做。但衡量得失，却并非天平上的砝码可以一目了然，而是要对得与失之间错综复杂的关系加以分析的。

由于某些主客观条件的制约，有时有所失才能有所得。第二次国内革命战争时期，有些"左"倾冒险主义者认为，退却会使革命根据地丧失土地、危害人民，因而提出"御敌于国门之外"。毛泽东同志在批评这些错误主张时，曾经说过："只有丧失才能不丧失，这是'将欲取之必先予之'的原则。如果我们丧失的是土地，而取得的是战胜敌人，加恢复土地，再加扩大土地，这是赚钱生意。"这里讲的，是战争中退与进的关系，实际上也就是失与得的辩证法。人们要得到一定的东西，达到一定的目的，得到一件事情的成功，都要有一定的条件。这些条件，有一部分是客观存在的，有一部分则要人们付出一定的代价去创造。失掉局部，是为得到全部而创造条件。"失之"，是为了"得之"，而且是为了取得的东西更多更好。可见，失与得并不是绝对排斥的，而是可以互相转化的。只要掌握了辩证方法，善于通观全局，就可以运用失的手段，达到得的目的，做到以失求得。

树立正确的得失观，对于贯彻国民经济的调整方针，有着重要的意义。在调整中，农业、轻工业、能源要进。有些方面的工作，则要失局部以保全局。比如说，基本建设战线要退够，少数企业要关、停、并、转。从局部和眼前来说，这是一种失。但这种失，有利于调整国民经济比例关系，有利于实现国家财政收支平衡、信贷平衡，有利于巩固改善人民生活的成果，有利于我们脚踏实地搞四化建设。一句话，这种失，是为了全局和长远的得。我们应该看到四化建设的全局，该进必进，该退必退，不可拘于小局而有损大局。

（本文原载于 1981 年 1 月 22 日《湖南日报》。）

学会"变通"

近日，在株洲市焊接器材厂，听厂负责人谈了这样一个情况：今年国家下给工厂的计划是生产焊条 9000 吨、焊机 250 台。工厂从实际情况出发，根据本厂生产能力，决定采取来料加工的办法，增加生产任务。现在，焊条生产任务已增加 3000 吨，焊机生产任务已增加 648 台。这样，生产门路越开越广，经济工作越搞越活，贡献越来越大。这个事实告诉我们：一个企业，要使生产活跃起来，取得更好的经济效果，在经济工作中学会"变通"，非常重要。

所谓"变通"，就是依据不同的实际情况，作非原则性的变动，使人们的主观意愿与客观实际统一起来，从而在实践中取得更大的成功。如果不知变通，一味扼守现成的"条文"，反而是很容易导致失败的。战国时代，秦国打败了韩国之后，又乘胜进攻赵国。赵孝成王由于中了秦国的反间计，决定改派赵括代替廉颇率军迎战。相国蔺相如劝阻赵王说："如果派赵括去当主将，就好像把瑟的弦柱粘住了去弹奏一样。赵括徒有虚名，只知道死读兵书，不懂得按照实际情况灵活变通。"后来，赵括上了战场，死搬教条，结果被秦军围困，招致全军覆没，他自己也被射死。这个典故说明，如果不善于根据实际情况对"本本"进行变通，尽管将"本本"背得滚瓜烂熟，也会在实践中碰壁。所以，我们真正想把一个单位、一个部门的工作做好，把四化建设的任务落实到基层，就必须善于变通、敢于创新。把本单位、本部门的特点作为工作的出发点，而不能以"条文"作为出发点。

经过真理标准问题的讨论，许多同志都在实际工作中学会了变通，能够较好地根据实际情况执行党的政策和上级精神。然而，那种赵括式的人物，在一些单位和部门仍然大有人在。他们已经对于"照搬照抄照转"的老套做法心安理得。在他们的各种报告、文件、讲话中，很难找到改变本单位面貌的决心、创造新的工作成果的措施、探索新的道路的勇气。他们对于如何从实际出发，变通执行党的方针、政策，都不曾有过思考。这样的精神状态和工作方法，与四化事业极不适应，不改变是不行的。这样的同志，应该在实际工作中学会变通。只要善于变通的同志越来越多，生产门路就一定会更加广阔，经济工作就一定会有声有色。

（本文原载于 1980 年 8 月 3 日《株洲日报》。）

从唐僧取经说起

神话小说《西游记》里的唐僧，虽然有"人妖颠倒是非淆"的缺点，但是，他也有一个很大的优点，那就是对"上西天取经"始终有着坚定的信念。

在启程之前，唐僧就立下宏誓大愿："定要捐躯努力"，"不取真经，永堕沉沦地狱"。他明明知道，取经的道路漫长而又艰险，却毫不动摇，毅然单身独马而行。后来，他收了孙悟空、猪八戒、沙和尚三个徒弟，在取经途中，各种挫折、考验、磨难、威胁接踵而来。然而，无论是黑松林失散，还是平顶山逢魔；无论是西梁国留婚，还是琵琶洞受苦；无论是路阻火焰山，还是遭困无底洞——妖魔鬼怪的恫吓，刀剐油煎的险境，锦衣玉食的引诱，都丝毫不能动摇唐僧的信念。与唐僧的坚定信念相映照，猪八戒的信念却是动摇不定的。他面临困难，动辄要"分行李"，"趁早散了，各寻头路"，有时又叹息什么"走上一千年也不得成功！"可见他是没有多少事业心的。正是由于唐僧坚定不移地一往无前，经历十四个寒暑，受尽九九八十一难，行程十万八千余里，终于到达西天灵山，取得了"大乘真经"。

人类历史上也有许多真实的史实，同样有力地说明了信念的坚定，对于人们取得成功是至关重要的。中国工农红军二万五千里长征，可以说经历了举世罕见的各种艰辛。为什么枪林弹雨的威胁、雪山草地的考验、疾病饥饿的折磨，都没能使红军战士屈服？一个重要的原因，就是红军战士有着建设新中国的坚定信念。由此可见，坚定的信念，是人们战胜困难的力量源泉，是人们勇往直前的强大动力。谁要想达到胜利之巅，谁就首先要有对事业的坚定信念。

今天，我们所从事的四个现代化建设事业，是中华民族历史上亘古未有的壮举。完成这项伟大事业所遇到的艰难困苦，是唐僧师徒所经历的磨难远不能比的，也不亚于当年红军长征的艰辛。在这样的情况下，我们是像唐僧那样"捐躯努力"，坚定信念，一心一意"取得真经"呢，还是像猪八戒那样动不动就打"退堂鼓"闹"散伙"呢？无疑我们每个同志都要以实际行动作出回答。所以，在建设四化的新长征路上，我们都应该扪心自问一下：信念坚乎？

（本文原载于 1980 年 4 月 28 日《株洲日报》，湖南人民广播电台《广播杂志》节目 1980 年 6 月 23 日播出。）

"张家界不嘲笑攀登"

看完电视连续剧《海灯法师》前十四集，片头那"为了一个美好的愿望，我们还要一千次地攀登"的歌，挥之不去。攀登，是令人感奋的字眼，也是令人负重的字眼。

于是，我有了关于"攀登"二字的联想。对于攀登者来说，险关、曲折并不可怕，倒是那些阴阳怪气的嘲笑和不负责任的闲言碎语令人头疼。跳高健将朱建华，曾在攀登的途中受过挫折。他要拿出十倍的勇气，方能越过那些闲言碎语构成的心理障碍。

当然，并非有攀登的地方必有嘲笑。前不久，我去张家界，遇上一场暴雨。但是，登山者如云。尽管一身雨水、一身泥沙，甚至有人不时摔一个跟头，大家却乐呵呵地照样攀黄狮寨、登老鹰嘴。我和一位哲学博士谈及此事，他妙言以对："张家界不嘲笑攀登！因为大家都是为征服这里的石阶路、为领略这里的奇异风光而来。大家都是攀登者！"

我由此又想到，改革也是一种攀登，而且需要国人"一千次地攀登"。攀登必有风险。成功了，当然有人庆贺；如果暂时失利了，恐怕嘲笑者也不乏其人。之所以如此，重要的原因，是因为那些人把自己当成了攀登的

"局外人"。

如果投身改革的攀登者愈多，嘲笑改革的"局外人"就会愈少。愿更多的人，都是敢"一千次地攀登"的勇者。果真如此，"风景这边独好"矣！

（本文原载于 1987 年 8 月 13 日《湖南广播电视报》。）

要择善而从

《论语·述而》篇中载："三人行，必有我师焉。择其善者而从之。"看来，孔子对于如何向他人学习，是颇有讲究的。

所谓善者，即优点、长处。我们向外国学习，也一定要注意学其优点和长处，这是一条基本原则。无论哪个民族或国家，都各有千秋，这是不容置疑的；但也各有弊病，这更加不可忽视。月亮在中国时圆时缺，在外国也是时满时亏。我们有些同志，特别是一些青年人，不明"择善而从"的道理。一说向外国学习，就认为外国一切都好，连梳妆打扮都要模仿别人。这种思想是错误的和有害的。我们讲向外国学习，主要是学习人家先进的科学技术和科学的管理方法，而绝不是什么都模仿，"传染"其社会弊病。

"择善而从之曰比"。只有经过比较，我们才能知道哪些是善者，哪些是恶者，从而决定取舍之处。要比较就要有标准。这个标准，就是有利于我们的社会主义现代化建设，无损于人们社会主义思想的树立。大凡经过比较，人们之间"短"在哪里，"长"在何处，是鲜明的。如果拿我国与发达的资本主义国家比较，就会清楚地看到，我国的"短处"并不是缺少"喇叭裤"，而是缺少先进的科学技术。这样一比，我们的应择之善，不是很明白的么？

向外国学习的大门一打开，呈现在我们面前的是一片五颜六色的东西。"择善"的方法，对于我们来说，是至关重要的。尤其是年轻一代，更要加强学习，真正懂得什么是应该学习的，什么是应该抵制的，择善而从，不可随恶盲从。

（本文原载于 1979 年 5 月 8 日《株洲日报》。）

好事亦不可过头

在日常生活中，我们可以见到许多带有哲理的现象：糖，甘甜可口。然而，吃得过多，则使人容易发生龋齿，尤其影响小孩体内对钙质的吸收。好的音乐，悦耳动听。然而，听得过久，或者音量过大，则使人心烦气躁，甚至成为心血管病人发病的诱因。睡眠，人人需要。然而，睡得时间过长，则使人头脑昏沉、精神不振。这些现象，说明了一个哲理：办好事也不可过头。

好事办过了头，反而会产生不好的后果。这个道理，并不是人人都懂得的。有的人认为，既然是好事，就可以大办特办。到头来，往往是事与愿违，效果不好。比如，青年人结婚，本来是件好事，庆贺一番，无可非议。可是，有些人"庆贺"起来却无止境。索取彩礼、设宴请客、添置家具，一个比一个更讲排场。结果，不仅使得新婚者负债累累，喜事变愁事，而且败坏了社会风气。又如发放奖金，本来也是件好事。有的单位却无限额，甚至巧立名目，滥发一气。结果，不仅损害了国家和集体利益，而且助长了一切"朝钱看"的不良风气。

有两句成语，叫做"适可而止"、"恰到好处"。其中的"适可"、"好处"，如果对于办一件事来说，主要是指办事的效益。这种效益，从哲学上讲，也就是事物发展的"度"。唯物辩证法告诉我们，任何事物都有其质和量两方面的规定性。一定的量是一定的质存在的条件，一定的质又是一定的量变化的基础。这种质和量的统一性，就叫做"度"。

我们办一件事，如果在这个"度"的范围之内，就容易求得最佳效果。如果超出了这个"度"，量变引起质变，就会产生不好的后果。如前所说，结婚喜庆、发放奖金，从办事情的量上来说，就有一定的限度。在一定的限度以内，就能把人们的眼前利益和长远利益、局部利益和全局利益统一起来，好事办出好的效果。如果超过了一定的限度，就会损害人们的利益，好事的性质发生变化，产生不好的后果。

所以，我们办任何事，尽管是好事，也应该学会掌握事物发展的"度"，切不可办过头。

（本文原载于 1981 年 12 月 23 日《株洲日报》。）

要根据工作效果考察干部

怎样考察干部？按照什么标准判定干部的优劣？这是党的组织工作、干部工作中需要明确的一个问题。最近，读到一则历史故事，对我们很有借鉴意义。

据《史记·田敬仲完世家》所载，齐威王当政初年，常常听到左右近臣讲即墨大夫的坏话，"毁言日至"；又常常听到他们讲阿大夫的好话，"誉言日闻"。但齐威王并不以此为根据判定两个大夫的好坏，而是派人前往即墨和阿两地实地察看。考察的结果，与左右近臣说的完全相反。即墨的土地得到开辟利用，庄稼长得好，民众富足，官吏勤谨，地方安宁；而阿呢，田地荒芜，草封苗瘠，民众贫苦，又不能抵挡赵、卫等国的入侵。为什么毁誉之言与实际情况出入这样大呢？齐威王查明，是由于即墨大夫"不事吾左右以求誉"，而阿大夫则"币厚吾左右以求誉"。于是，齐威王封给即墨大夫万户食邑，把阿大夫和为他讲好话的近臣下了油锅。从此，"人人不敢饰非，务尽其诚，齐国大治。诸侯闻之，莫敢致兵于齐二十余年"。

齐威王明辨忠奸，按治理地方的实际情况区分官吏的良莠，扶植贤能，打击奸邪，使国家大治的经验，是很有说服力的。它首先启示人们，要对一个人作出正确的估价，不能只凭少数人的意见，更不能只听接近自己的人的话。齐威王如果听信左右近臣的话，就会颠倒黑白，使贤良遭殃，奸佞得逞，就不会得到国家大治的局面。当然，我们今天在领导机关或在领导人周围工作的同志，与齐威王的左右近臣是不能相提并论的。他们绝大多数是能够或愿意反映实际情况的。但是，由于所处的地位不同，思想水平的差异，看人的标准不一，或者是由于客观条件的限制，对事实的了解各有倚重，因此，对一个干部的评价往往难得一致，这是常有的事。甚至有时候，还可能把问题弄颠倒，得出与实际不相吻合或完全相反的结论。对于这种情况，必须努力避免，否则会给干部工作造成重大损失。

特别要看到，由于剥削阶级思想意识的侵蚀，还可能有那样一种爱好阿谀奉承、弄虚作假、欺上瞒下的人，他们与齐威王的左右近臣颇为相像，惯于指鹿为马、颠倒黑白。这种人尽管是极个别的，但由于他所占据的重要岗位，因而容易用歪曲了的事实来混淆领导人的视听。如果照这种人的话来决定干部的命运，那后果是不堪设想的。粉碎"四人帮"以来，我们平反的大量冤假错案中，有不少案件就是由于听信了少数或个别人的诬陷而造成的。这个教训是应当牢牢记住的。

应当根据什么来考察和识别干部呢？唯一的根据，就是干部的工作实践，是他们的工作效果。齐威王就是这样看问题的。即墨"田野辟，民人给，官无留事，东方以宁"，齐威王就认为即墨大夫好。阿"田野不辟，民贫苦"，齐威王就认为阿大夫坏。我们今天评价干部也应当这样来考虑问题。在实现四化的工作中，我们党要求各级干部坚决拥护党的政治路线和思想路线；要求干部遵纪守法、大公无私，坚持党性，克服派性；要求他们有强烈的事业心和革命责任感，有胜任工作的能力。那么，凭什么来衡量一个干部是否符合这几条标准呢？不能只凭他如何说、如何做，而主要应根据他说的和做的客观效果。一个人的工作效果，是他的政治思想觉悟、工作作风和工作能力的综合产物。如果一个干部领导一个地方或一个单位，能够使那里的政治局面安定团结、生动活泼，充分调动群众的积极性，能够使经济建设和各项事业得到迅速的发展，能够使人民的物质、文化生活水平不断提高，那么他就是一个优秀干部。反之，就是他说得再好，也不足为据。

现在，我们的干部队伍当中，比即墨大夫更加贤明的人，是大有人在的。他们脚踏实地，埋头苦干，注重工作实效，不贪图名利，处处为群众的利益着想。他们有了工作成绩，并不企求上级"总结表扬"，也不热衷于向别人"传经送宝"。他们总是默默无闻地工作，不知疲倦地战斗，为党的事业和人民群众的利益贡献自己的力量。这种干部，受到群众真心实意的尊敬和拥护。我们的领导同志，我们做干部工作的同志，要想真正识别贤者，为党的事业配备优秀干部，就要走出办公室，跳出材料堆，深入实际，深入群众，实地考察干部的工作成效，广泛听取群众的反映。这样，才能把那些受到人民拥护的德才兼备的优秀干部选拔上来。如果我们能够这样按照工作效果来考察和评价干部，那么，类似即墨大夫那样的贤人就会越来越多，类似阿大夫那样的人即使有也无以售其奸，我们的事业就会越来越兴旺发达。

（本文原载于湖南《新湘评论》1980 年第 1 期。）

正确看待"干部政绩"

所谓政绩，就是干部任职期间所留下的成绩。一般来说，作为一级领导干部，都想在自己的任职期间，取得某些出色的成果。在改革逐步深入的今天，领导干部想留下好的政绩，应当说这是一种有事业心的表现。

然而，现在却有些同志，对政绩产生了一种片面的理解。他们认为，要留下政绩，就要给所在的单位或地方的群众，带来眼前的实惠。否则，似乎政绩就无从可谈。于是，有的厂长在任职期间，所考虑的只是如何再多干一点看得见、摸得着的事情。不惜拼设备、加指标，以给职工多发奖金。甚至还有的厂长，不完成国家指令性计划，而只顾生产那些利润大的产品。另外，还有某些县、区、乡的领导干部，为了让群众"富"得更快一些，不是在发展生产上多动脑筋，而是搞什么跑买卖的"皮包公司"，甚至不惜靠出卖资源、损害资源"发财致富"。这样做的结果，使一个单位或一个地方得到了眼前利益，却损害了群众的长远利益；使一个单位或地方得到了局部利益，却损害了国家的全局利益。

这样追求政绩，实际上是一种急功近利的做法。当然，领导同志任职期间，应当为群众多办几件实事，也应当为群众的生活福利多着想。但是，要真正提高群众的生活水平，真正把群众的福利事业搞好，归根到底，还是要靠发展生产，提高社会经济效益。竭泽而渔、杀鸡取卵，虽然也能暂时让群众得到一点"实惠"，但从长远来看，这种做法，丝毫谈不上有利于发展生产。相反，只能对生产的发展起阻碍作用。因此，作为一名领导干部，在任职期间，决不能把群众一时一地的"实惠"，当做自己建立"政绩"的基础。而应当从群众的长远利益出发，来考虑做好自己的工作。

一名干部做出的工作成绩，于国于民有利，符合全局利益，那么，他的政绩是光彩的。如果他的工作成绩只体现了小团体的利益，而损害了全局利益，那么，他的政绩就不能得到党和人民的认同，相反应当受到批评。

作为基层群众，也必须用正确的眼光，来看待干部的政绩。有些同志，一谈到某个干部好不好，总要以这个干部在位时大家的奖金发得多不多作为标准。这种观点是不正确的。因此，广大群众要真正富裕起来，必须依靠生产力的发展，依靠经济效益的提高，而不能依赖一个时期多发一点奖金。另外，改革是一个长期实践、探索的过程，还需要干部群众共同做许多事情。那么，对于一个干部政绩好坏的评价，也就不能依据他一时给群众多少"实惠"，而应当看他的全部工作，看他是否真正为国家和人民的长远利益、全局利益作出了努力和贡献。

（本文原载于 1986 年 2 月 21 日湖北《长江日报》。湖南人民广播电台《新闻和报纸摘要》节目"星期天漫谈"专栏 1985 年 12 月 8 日播出。）

流水前波让后波

——谈谈正确对待后来居上者

"后来居上"，是世间客观事物新陈代谢的普遍现象，更是各种出类拔萃的人才成长的基本规律。儿子比父亲做出伟大许多倍的事业，学生比老师在专业上有更高的造诣，徒弟比师傅创造出更为非凡的成果，青年干部比老年干部担负起更加重大的责任。古今中外，尤其在我们的现实生活中，这些都是屡见不鲜的。

"后来居上"是客观存在的事实。但是，如何正确对待这个问题，对于许多人来说，不能不是一种考验。有的人一见到"后来者"居上，就喜形于色，热情扶植，甚至不惜让出自己的荣誉、地位和待遇，来苦心帮助"后来者"成长、进步、攀登。发现牛顿这匹"千里马"的"伯乐"——伊萨克·巴罗，就是这样一个人。牛顿在剑桥大学读书时，担任这所大学数学教授的巴罗，发现这个领取清寒津贴的青年学生有着非凡的数学才能，在专业上有着极大的潜在力。为了扶植"后来者"，比牛顿大 33 岁的巴罗，毅然决然把自己担任的卢卡斯讲座数学教授职务，让给了当时年仅 27 岁的牛顿。后来，牛顿能在天文学、光学、数学和力学等方面独树一帜，显然是与巴罗的扶植分不开的。巴罗这种从科学事业的大局出发的精神多么难能可贵，情操多么纯洁高尚！

另外有这样一种人，一见到"后来者"居上，不是暗中嫉妒，就是明于挡道。据《史记·汲郑列传》记载，汉武帝刘彻时代有个大臣叫汲黯。在他当九卿时，同时代的公孙弘、张汤都还是小官。后来，汉武帝重视儒学，把公孙弘提拔为丞相，把张汤也提拔为御史大夫。汲黯原手下的佐贰之官，有的担任了和他同级的职务，还有的在职务上超过了他。在这种情况下，汲黯大为不快，怒气冲冲地对汉武帝说："你用人如同堆积柴草一样，把后来的放在上面！"（"陛下用群臣如积薪耳，后来者居上！"）在汲黯看来，提拔使用人才的根据是年龄、资历，年轻的"后来者"尽管有才学，也只能"居下"，不能"居上"。这种颇有代表性的"论资排辈"思想，至今仍残存在我们某些同志的头脑中。不是吗？有的单位晋升有作为的科技人员，选拔有能力的中青年干部，比关云长"过五关"还难，不就是因为某些干部怒于"后来居上"吗？

"芳林新叶催陈叶，流水前波让后波。"社会主义祖国的"芳林"，需要千千万万的"新叶"；四化建设的"洪流"，需要一层又一层的"后波"。无数"新叶"含苞吐翠，层层"后浪"澎湃而至，是大好的事情。我们应该为有这样的"后来者"感到由衷的欣慰。当然，我们提倡乐于对待"后来居上"者，并不是否定"陈叶"对"芳林"所作的贡献和"前波"对洪流所起的开创作用。我们更应该看到，"新叶"不生，"芳林"将萎；"后波"不进，"洪流"欲涸。不培养千百万优秀的"后来者"，四化蓝图就不可能变成现实，我们的事业就会中断。在对待"后来居上"这个问题上，我们要学巴罗，不能学汲黯。

（本文原载于1980年2月7日《湖南日报》，湖南人民广播电台《全省新闻联播》节目"解放思想杂谈"专栏1980年1月17日播出。）

让更多的年轻干部"唱主角"

在株洲焊接器材厂，只要一说起厂党委书记周伯华，大家都交口称誉："周伯华年纪轻、能力强。他唱主角能压住台！"确实，31岁的周伯华，从1978年年初开始在厂党委班子中"唱主角"以来，虚心向老干部学习，密切联系工人群众，大胆开展工作，使全厂面貌有了很大改观。工厂两年两大步，每年递增纯利润100多万元。周伯华的成长，充分说明：年轻一代大有可为，"长征接力有来人"。同时，也告诉我们，只有让更多的年轻干部"唱主角"、挑重担，在实际工作中多经受一点磨炼，领导人才才会脱颖而出，各级领导班子的战斗力才会增强，党的事业才会蓬勃发展。

让更多的年轻干部"唱主角"，是实现领导班子年轻化、加速四化建设的关键。当前，在一些领导班子中，存在的一个严重问题，就是领导成员平均年龄偏高。在我省，各地、市委常委的平均年龄是 54 岁，县、市委常委的平均年龄是 48 岁。俗话说，年岁不饶人。许多老干部，虽然身经百战，经过千锤百炼，有着丰富的领导工作经验，但是，毕竟两鬓斑白、精力不济，工作起来力不从心。所以，领导班子中年岁大的同志越来越多，战斗力势必有所减弱，要担负起领导四化建设的重大任务是比较困难的。要解决这个问题，就要逐步实现领导班子年轻化，大胆把那些德才兼备、年富力强的青年干部选拔到领导岗位上，大胆让他们"唱主角"。

对于让年轻干部"唱主角"，每个同志的看法并不是一致的。有的同志认为："年轻干部资历浅、经验少，唱不好主角。"他们对于提拔年轻干部，左也担心，右也顾虑，处处不放心。其实，他们的担心和顾虑是没有必要的。鲁迅先生说得好："幼稚是会生长的、会成熟的。"青年干部的才干，只能在担负重担的过程中形成。翻开史册，许多著名人物，在年轻时就担负了重任。三国时代的诸葛亮，隆中对语，走出茅庐担任刘备的谋臣时，刚刚 27 岁。南宋时代的岳飞，在 28 岁时，就率领锐不可当的"岳家军"，英勇善战，一举收复了一度沦陷的南宋都城建康城。在我们党内，许多老一辈无产阶级革命家，在年轻时就显示出了能肩挑革命重担的雄才大略。贺龙手拿两把菜刀，率领贫苦农民捣毁反动的巴茅溪盐局，只有 19 岁。彭湃于 1923 年在广东领导轰轰烈烈的农民运动时，年仅 27 岁。叶挺 30 岁时，担任北伐军"独立团"团长，率领"铁军"挥师北上，威震敌胆。这些都说明，许多年轻人虽然年纪轻，但是他们有朝气、有干劲、有才干，能够"唱主角"，也能够"唱"好"主角"。

当然，我们希望有更多的年轻干部"唱主角"，并不是轻视老干部的作用。许多事实也证明，年轻干部在老干部的帮助下，能把"主角""唱"得更好。周伯华能在株洲焊接器材厂"压住台"，一个重要原因，就是有老干部的帮助和支持。所以，在年轻干部"唱主角"时，老干部不能坐在一旁当"观众"，而应当积极、热情地当好"指导"、"参谋"，把丰富经验、优良传统传给年轻干部。这也体现了老干部的宽阔胸怀。年轻干部也应该尊重老干部，虚心向老干部学习。只要新老干部团结一致，同心同德，能"唱主角"的年轻干部就一定会越来越多。四化建设这幕伟大的活剧，也一定会更加雄壮精彩。

（本文原载于 1980 年 9 月 3 日《株洲日报》，湖南人民广播电台《广播杂志》节目 1980 年 7 月 24 日播出。）

敢用"度外人"

近读宋人沈括所著的《梦溪笔谈》，其中一段话发人深省，不妨摘录在此："范文正常言：史称诸葛亮能用度外人。用人者莫不欲尽天下之才，常患近己之好恶而不自知也。能用度外人，然后能周大事。"度，本是指计量长短，这里引申为用人的传统标准。从这段话可以看出，无论是范仲淹，还是沈括，他们对诸葛亮破格任用传统标准以外的人才的做法，是很赞赏的。

诸葛亮是历史上著名的政治家、军事家，同时也是一位著作家。在《诸葛亮集·举措第七》中，诸葛亮提出了"治国之道，务在举贤"，"取人不限其方"的用人观点。这与当时社会上讲出身的用人标准，是大相径庭的。

据《三国志·蜀书》记载，诸葛亮敢于打破传统的从世家豪族子弟中选拔将官的标准，委任官职以才能的大小为依据，不以出身门第为依据，大胆任用各种有才能的"度外人"。如从曹魏降蜀的王平，在街亭一战中显示了出众的军事才能，被诸葛亮拜为参军，统帅五部兵马，很快由裨将升为镇北大将军。姜维原也是从曹魏降蜀的下级军官。诸葛亮见他"甚敏于军事，既有胆义，深解兵意"，"才兼于人"，就拜他为征西将军。后来，诸葛亮去世，姜维又为辅汉将军，统率诸军，成为西蜀的一根顶梁柱。又如蒋琬，本来是荆州一个默默无闻的小官，资历浅薄。诸葛亮经过考察了解，认为蒋琬忠实于蜀国的事业，"其为政以安民为本，不以修饰为先"，确实是"社稷之器"，才干出众，让他担任了参军。以后，诸葛亮还积极向后主刘禅推荐蒋琬为蜀相。

从这些史实中，显而易见，诸葛亮在任用人才时，完全改变了传统的标准，打破了传统的框框，真正做到了"取人不限其方"。无论是出身低微的也好，从敌军中投诚过来的也好，有某些缺点的也好，只要有突出的才能，忠心于西蜀的事业，就坚决委以重任。这种大胆使用"度外人"的做法和气魄，确实是难能可贵的。

从史书所载，联想到我们今天的用人，同样有个用"度外人"的问题。现实生活中不是往往有这样的情况吗？有些同志颇有重视人才的愿望，可用起人来，总跳不出"老同事"、"老部下"、"老熟人"、"论资排辈"这样一些老框框。以致除此之外，就觉得无人才可用了。这样一来，人才就在眼前也拒之门外。这些同志，实在有必要像诸葛亮那样打破用人的老传统，大胆使用"度外人"。只有这样，才能真正做到唯才是举，知人善任。从而，发现、了解更多更好的人才，形成爱才、惜才、大胆使用人才的良好风气。

（本文原载于 1980 年 7 月 8 日《株洲日报》。）

一把手更要让人讲话

有这样一个故事：解放军某部一位团长，不会抽烟。一天，有个战士提出意见，说团长在大街上抽烟，不注意风纪。团长心想，我从没抽过烟，一定是战士不认识我，看错了人。战士不认识我，正说明自己和战士接触不多。于是，他一面表扬了那个战士敢于提意见的精神，一面检查了自己深入连队少的问题。这个故事，对于我们认真发扬民主，让人讲话，是颇有教益的。

作为领导干部，尤其是一把手，做到像那位团长那样让人讲话，是很重要的。可是，有的一把手自以为"权威大"、"本事高"，喜欢一人说了算，"一班人"的意见听不进，群众的意见更是拒之千里之外。更有甚者，有的一把手一见群众，就两眼望天，动不动就训人。干部和群众看到他，只好"敬"而远之。封建时代的官吏乘轿出行，在百姓面前亮出"回避"、"肃静"的牌子，实在有些"威风凛凛"。这样的领导干部，岂不是也在学着挂那"威风牌"，使人望而生畏吗？这样的同志，应该彻底收起那种"威风牌"，好好学习那位解放军团长的民主作风，努力做到敢于让人讲话。

一把手让人讲话，不仅要让党委、党支部"一班人"讲话，而且更重要的是要让群众讲话。群众讲话，不外乎一是提建议，二是提批评意见。群众向你提建议，说明他们对事业负责，表现出了一种工作积极性。建议提得好，应该认真采纳；提得不恰当，也要爱护这种积极性。群众向你提批评意见，指出你的缺点和问题，这更是体现了他们高度的革命责任感。我们把自己献给了党的事业，还有什么个人的缺点、错误不能抛弃、不能改正呢？至于群众提的批评意见如果是错的，也应该抱正确的态度去对待。你如果在群众面前动辄火冒三丈、怒发冲冠，那就势必造成领导和群众的关系紧张，就会在群众中堵绝言路，使自己塞住视听。你的本事再高，也只会成为孤撑篱笆、凋零荷花。我们要学习那位团长的正确态度，心平气静地听取群众的批评意见，真正在人民内部实行"言者无罪，闻者足戒"。

让群众讲话，天不会塌下来，自己也不会垮台。为什么？因为让群众讲了话，提了意见，能集思广益，工作中就有许多新套套、新办法。接受了群众的批评，群众就会对领导更加信任，从而领导的威信不会降低，只会提高。那位团长虚心听取了战士的意见，不正是把领导和战士的思想脉搏连得更紧了吗？相反，如果不让群众讲话，压抑群众的意见，自以为是，目空一切，那就只会割断自己和群众的联系，成为孤家寡人。

（本文原载于 1978 年 8 月 7 日《株洲日报》。）

话说 "讲面子"

俗话说得好："树有树皮，人有脸皮。"讲面子，作为人的一种心理活动，是人的自尊心的一种表现。这是因为，一个人的面子，与他的人格、声誉以及他在社会上的地位，是紧密相连的。所以，对于绝大多数人来说，为了维护自己正确的自尊心，为了使自己的人格、声誉和在社会上的地位不受损害，在一些场合是要讲面子的。

世界上的任何事物，都有两重性。"讲面子"也是如此。在某种场合中讲面子很有必要，而在另一些场合中讲面子则适得其反。不必讲面子时硬要"讲面子"，到头来反而会丢掉自己的面子。这就是讲面子的辩证法。法国作家莫泊桑写过一篇题为《项链》的短篇小说。说的是一位小职员的妻子，为了参加一次舞会，向一位阔太太借了一副钻石项链，以使自己脸上有光。不巧，她将项链不慎丢失，只好用十年劳动的工钱买了一副赔人家。而阔太太却又告诉她，那副钻石项链是假的，价格很低廉。这篇小说，有力地鞭挞了小资产阶级的虚荣心，讽刺了穷要面子的心理。

其实，这类穷要面子的事情，在我们的生活中也时有发生。比如，最近长沙市对部分青年的婚事作了调查。今年2月，青年人的结婚费用平均每对高达5千元。而其中50%靠双方父母资助，14.3%靠借贷。借钱买"面子"，岂不是很可怜么？又如，有一个少数民族自治县，经济比较落后。而这个县在庆祝建立30周年时，为了要面子，竟然用丝绸做请柬。还有一家工厂，一年盈利才10多万元。厂领导为了自己讲面子，竟用10万元买了一台高级小轿车。实际上，厂领导这样做，在全厂职工前还有多少面子呢？诸如此类穷讲面子的做法，可以用一句俗话来概括，那就是："打肿脸充胖子。"

这种"打肿脸充胖子"式的讲面子，归根到底，是受剥削阶级讲排场、比阔气的奢靡思想的影响。在我国历史上，传说商纣王所造的"酒池肉林"，西晋时代王恺和石崇用蜡烛煮饭、糖水洗锅的斗富，就是这种讲排场、比阔气的典型。所以，那种比阔气的讲面子，从本质上说，是剥削阶级思想意识的一种表现，是一种落后的虚荣心理的表现。

实际上，比阔气的讲面子，最终的后果，只能是一方面造成社会财富的浪费，一方面使我们的同志在思想上受到腐蚀。因而，无论是个人与个人之间，还是单位与单位之间，那种穷讲面子的做法都是要不得的。它既不利于当前的四化建设，也是与我们党的艰苦奋斗的优良传统作风格格不入的。

由此可见，讲面子，不仅仅是一个人的自尊心的问题，更重要的是反映了一个人的气节和人生观的问题。讲什么样的面子，怎样讲面子，都是受一定的人生观支配的。因此，要消除那种为讲面子而不惜铺张浪费的做法，除了要在纪律、制度上作出某些规定之外，很重要的，就是要加强人生观的教育。我想，如果有了铁的纪律、好的制度，再加上有正确的人生观，前面所说的那家工厂的领导，当坐进耗资 10 万元的小轿车内的时候，就会觉得不舒服了，就会醒悟到什么才是他所需要的真正的面子。

（本文原由湖南人民广播电台《新闻和报纸摘要》节目"星期天漫谈"专栏 1987 年 4 月 26 日播出。）

"亮相"的艺术

"亮相"，原本是戏曲表演中的一种程式动作。说来有趣，近来有不少观众把这词儿挪过来，将电视屏幕上出现的领导干部的形象，称之为"亮相"。观众议论得较多的，并不是领导干部该不该"亮相"，而是领导干部如何"亮相"的问题。

戏曲表演中的"亮相",很讲究艺术性。角色"亮相"之前,总有一段比较精彩的舞蹈或武打。在"亮相"的同时,锣鼓总要很有节奏地敲击四记。随着铿锵的锣鼓声,角色那潇洒的"亮相"动作,常常引起观众的一片喝彩声——这就是"艺术"。

有的领导干部,喜欢在电视屏幕上"亮相",但又不太讲"艺术"。常常是两个老动作:要么是面对话筒,开会作报告;要么是手拿剪刀,贺喜剪彩。观众看得腻了,当然"喝倒彩":"哈,又是这两下子!"你没有拿手的"节目",没有感人的"招式",而又动辄要"亮相",能叫观众没有意见么?

要在电视屏幕上"亮相",就得讲讲"艺术"。这里的"艺术",有两种味儿:一是"台词"要新,回答广大群众所关心的一些问题;再就是"招式"要新,与群众"同台演出",敲响"决策"的锣鼓,来它个"四击头亮相"。前不久,全国人大会议期间中央领导同志的答记者问,省委、省政府负责同志深入洞庭湖区现场解决问题,还有长沙市的市长们精心"表演"的"市长与市民"节目,其"亮相"的艺术,不就引起了阵阵喝彩声么?!

（本文原载于 1987 年 7 月 16 日《湖南广播电视报》。）

正人先正己

在我们进行四化建设的今天,有少数领导同志,无正人先正己之心,却有正人不正己之意。请看:有的振振有词地对别人讲青少年要在艰苦环境中锻炼成长,背后却拉关系、走"后门",将子女安在身边,找个舒适工作;有的说天道地对别人讲增产节约、艰苦奋斗,转脸却慷国家之慨,举金樽、摆拼盘、赠礼品,大肆挥霍、浪费;有的长篇大论对别人讲深入群众、参加集体生产劳动的重要性，自己却高高在上，养尊处优，对群众痛痒漠不关心；有的要求别人正确对待历史问题，以四化建设为重，多做工作，不计个人得失，自己却向党伸手，对"座次"斤斤计较，对待遇分毫必争。如此等等。正是这些正人不正己者，把工作职责当特殊权力，把党和人民的重托视为方便之门，独断专行，谋取私利，玷污党的声誉，损害党的威信，贻误党的事业。党内和社会上的不正之风，在一定程度上源出于此。

正人先正己，对于领导干部来说，是带头搞好党风建设的重要一条。我们党历来注重发挥党员在全民族中的先锋模范作用，更强调领导干部在各方面要当好表率。作为领导干部，只有以平易近人的态度去联系群众，以民主求是的作风去开展工作，以廉洁奉公的品格去反对化公为私的行为，以埋头苦干的精神去激励干部和群众，才能真正使党的优良传统和作风发扬光大，使歪风邪气失去市场。反之，如果对群众说的是一套，自己搞的又是一套，专门"拿着手电筒照别人"，就会在群众中威信扫地，说话无人听，办事无人帮。这样，还何以谈得上正人，何以谈得上端正党风，何以谈得上同心同德搞四化?!

正人先正己与正人不正己，一字之别，两种作风，泾渭分明。正人先正己，贵在"先"字。要群众做的自己先做，要群众执行的自己先执行，这是无声的命令，是最有效的措施，是最好的督促。许多老一辈无产阶级革命家，正是以这种言行一致、身先士卒的实际行动，赢得了人民群众的爱戴和尊敬，成为全党的楷模。正人不正己，耻在"不"字。要群众干的自己不干，要群众遵守的自己不遵守，言行不一，甚至明知故犯，结果是"头马不行百马愁，上梁不正下梁歪"，歪风邪气应运而生。

现在，为了加速实现四化，必须端正党风。如何端正？对于某些领导干部来说，最重要的就是：正人先正己！

（本文原载于 1979 年 7 月 17 日《株洲日报》。）

金钱　魔力　情操

钱，也叫货币。其实，我国最早的货币并不叫钱，而叫"货贝"，是古人用海里的贝壳特制的。仓颉所创造的"钱"字，开初是古人用的一种农具的名称，类似现在的铲子。后来，古人发明了用铜铸币，铸成了铲形，于是，"钱"就成了货币的俗称。

随着商品生产和商品交换的发展，世界上五花八门的钱愈来愈多，钱使用的范围愈来愈广、作用愈来愈大。于是乎，钱成了财富的象征、豪华的标志。唐代所铸的铜钱上面，就有"开元通宝"四字，意即开辟新纪元的通行宝货。尔后，历代所铸的钱上面，都少不了一个"宝"字。诸如宋代的"崇宁通宝"、"熙宁元宝"，明代的"大中通宝"。钱既然成了"宝"，喜爱它、渴求它的当然也就不乏其人。有句古话："人为财死，鸟为食亡。"为了钱，甚至有人竟不惜舍命以求。《十五贯》里的娄阿鼠，见钱眼红，为了十五贯钱，胆大妄为，谋害人命。真可谓见钱就着了魔似的。

然而，世上任何魔力都有限度。钱的"魔力"也并非没有止境。古时就有人嗤之以鼻，曰："钱财如粪土。"汉乐府《白头吟》里也唱道："男儿重意气，何用钱刀为！"纵观古今，不为金钱折腰的好儿男，也大有人在。南宋文天祥，被元兵所俘后，元兵以高官厚禄诱他投降，而他至死不屈，并写下了"人生自古谁无死，留取丹心照汗青"的豪壮诗句。著名科普作家高士其，原名高仕錤，他在改名时说："去掉人旁不做官，去掉金旁不要钱。"革命先烈方志敏被捕时，敌人在这个"共产党的大官"身上，竟搜不出半文钱。青年数学家陈景润，前不久去美国、法国讲学，回国后将自己在国外省吃俭用所赚的七千美元，全部交给了国家。在这些人面前，钱的光泽黯然失色，钱的魔力毫不灵验。

面对钱的"魔力"，为何人们有着两种迥然不同的态度？原因很简单：

在前者看来，"有钱就是幸福"，"发财就是快乐"。而在后者看来，"贪财是一种耻辱"，"人不可没有精神"。

金钱所交换的，大多是物质的东西。而人类最需要的先进思想、可贵精神、高尚情操，却无法用金钱去购买！当然，作为辩证唯物论者，不可搞"精神万能"论。但是，"金钱万能"论，同样也不足取。诚然，我们的社会还有商品生产，不可没有金钱。然而，我们在建设高度物质文明的同时，更要建设高度的精神文明。钱应该受人的支配，人不可受钱的驾驭。爱钱，毕竟是旧社会遗留下来的一种私有制观念。今天，我们早已建立了社会主义公有制，并且还有精神生活的目标，难道还要让钱的魔力继续束缚我们的头脑吗？

（本文原载于 1981 年 2 月 22 日《株洲日报》，湖南人民广播电台《广播杂志》节目 1981 年 2 月 25 日播出。）

"两袖清风" 好

前不久，《人民日报》刊载了这样一则感人肺腑的故事：山东省军区司令员赵峰下基层检查工作，某县招待所在他和随行人员住的房间，摆上当地特产以及高级茶叶、香烟。他看见后，对大家说："这是国家和人民的东西，我们没有白吃的权利，一点也不能动！"不白吃国家和人民的东西，这种廉洁奉公的品德是多么高尚！这种严于律己的精神是多么令人可敬！

由此，我联想到"两袖清风"的历史故事。据史书记载，明朝著名的政治家、民族英雄于谦，在担任河南、山西两省巡抚的十九年间，为官一直比较清廉。他不仅努力做到平时不侵占人民的财物，而且每次进京朝见皇上，也不带什么礼品。一次，有人对他说："你虽然不献金玉珍宝去巴结权贵，也应该带些著名土特产，在适当的时候送点人情。"于谦听了，笑着挥起手臂说："带有两袖清风。"后来，他还为此写了一首诗："绢帕蘑菇及线香，本资民用反为殃。清风两袖朝天去，免得闾阎话短长。"意思是，绢帕、蘑菇及线香都是老百姓要用的。如果当官的掠夺这些东西，老百姓就会遭殃。我进京朝见皇帝，什么也不带，免得老百姓有意见。于谦作为封建官僚的一员，能够做到两袖清风、廉洁为民，在当时的社会确实很少见，也是难能可贵的。正因为他做到了这一点，老百姓都很拥戴他，史册上也给他记下了赞颂的一笔。

我们今天的时代，与于谦所处的社会已截然不同。社会主义制度的建立，要求各级人民政府都必须是廉洁的政府。我们共产党的纲领，也更严格地要求每个党员要为人民的利益奋斗。因此，每个干部、每个党员，都应该自觉地做到两袖清风，维护人民的利益。确实，有许多干部和党员像赵峰同志那样，深刻地懂得"对国家和人民的东西，没有白吃的权利"这样的道理，处处廉洁奉公，公私分明。然而，也有少数同志，在利益面前不是两袖清风，而总想伸手捞一把，甚至白吃、白用、白占，面无愧色。这种化公为私、白吃白占的不正之风，降低了党的威信，损害了国家和人民的利益，疏远了干部和群众的关系，影响了四化建设的进程。我们每个干部和党员，应该以于谦为古镜，以赵峰那样的好干部为榜样，坚决抵制白吃白占的歪风，造成以两袖清风为荣、以白吃白占为耻的好风气。

（本文原载于 1981 年 1 月 12 日《株洲日报》，湖南人民广播电台《广播杂志》节目 1981 年 2 月 20 日播出。）

"荫儿女"与"庇寒士"

最近，株洲市新建的居民住宅纷纷落成，即将进行分配。这个消息，对于那些"寄人篱下"或住房狭窄的同志来说，无疑是一个喜讯。

然而，有些同志在高兴之余，不免又有扫兴之感。何故？原因很简单：自己是"平民百姓"，很难分到新房。当然，这些年来，许多同志的住房情况已经逐步好转。但是，在住房问题上，确实仍然存在两种不正常的现象。一种是，有的坚持晚婚的青年人，口袋里放着结婚证，为住房四处奔走，结果毫无着落，只好感叹不已："找房子比找对象还难！"有的工人和一般干部，三代同室，来两个客人便无转身之地。还有的居民，住的竟是当年城建施工的工棚，"四面透风，八方漏雨"！另一种情况是，某些领导干部的住房一搬再搬，甚至从新房搬到新房，住房当然也就一宽再宽了。还有的领导干部要了一个套间，又要一个套间。要那么多的房间干什么？原来是准备用来"收媳妇"、"招女婿"。他们不仅只想到自己，还想到了儿女，"大树底下好遮阴"。某些领导干部，就是这样把人民给他的权力当做"大树"，来荫庇自己、荫庇儿女！

写到这里，我想起了杜甫的《茅屋为秋风所破歌》。这首诗的后部分写道："安得广厦千万间，大庇天下寒士俱欢颜，风雨不动安如山！"杜甫为什么要用千万间高楼大厦来庇天下寒士呢？这是因为，他亲身体验过寒士居住茅屋时，那种"床头屋漏无干处，雨脚如麻未断绝"的困窘境况。其实，在当时的封建社会，让寒士住进高楼大厦，只能是一种幻想。因而，杜甫发出了"安得"的叹息声。

在我们向社会主义现代化进军的今天，用"广厦"来"庇寒士"的领导干部有没有呢？有的，株洲冶炼厂党委书记张应谷就是其中一位。他一家四口，住的是厂职工宿舍中差的房子。厂行政科曾两次给他分配了40和30多平方米的住房，他都让给了别人，并说："等职工们都住上了好房子，我再搬不迟。"自己甘居"茅屋"，只想着让职工们住上好房，这不正是用"广厦"来"庇寒士"的崇高境界吗？张应谷同志做得对！做得好！他不愧为"心里只想着工人群众"的好领导干部！不愧为"毫不利己，专门利人"的好党员！

"荫儿女"与"庇寒士"，是两种不同思想的反映。两种领导干部，谁好谁劣，群众自有公论。盼只盼我们的领导干部，多做一些"庇寒士"的艰苦工作，不刮和抵制那种"荫儿女"的不正之风！

（本文原载于 1979 年 11 月 20 日《株洲日报》。）

有苦难言的"拜菩萨"

有个县为了落实一个建设项目，县长带着一帮人马和土特产，到上级机关跑了十多个部门和单位，花了半个多月时间。回到县里，县长感慨地说："现在拜'菩萨'真难呵！"

实际上，这种"拜菩萨"所要办的事，往往是按照政策和实际情况而应该办的事。然而，有关"菩萨"却不管你的事情该不该办，而是看你对他"下拜不下拜"，对他"烧香不烧香"。如果一座"庙"没有去，一尊"菩萨"没有拜，甚至一炷"香"没有烧，"菩萨"就是不"显灵"，好事还得慢慢磨。

由于不拜"菩萨"难以办成事，基层的一些同志，不得不为"拜菩萨"花去不少时间、精力和物力。有的县领导不得不放下家里的重要工作，亲自出马"进山拜佛"，以求有关"菩萨""不看僧面看佛面"。有的同志"拜菩萨"时，光"烧香"还不行，还得带上土特产等"贡品"。"贡品"越好越多，"菩萨显灵"就越快。还有的同志不仅办事时"拜菩萨"，而且过年过节也得去"拜"。烧得"今日香"，求得"来日福"。尽管这种"拜菩萨"有不少苦衷，却还得照样"拜"。得罪了哪方"菩萨"，说不定哪天还会"遭灾"。因而，有人又称之为"有苦难言的'拜菩萨'"。

当然，现在许多部门和单位，已将"为基层排忧解难"这句话，变成了自己的实际行动。但也确实有那么一些部门和单位，成了不拜不显灵的"菩萨"。有的甚至不仅不为基层"排忧解难"，反而为基层"添忧加难"。这种官僚主义作风，已经成为现代化建设的严重障碍。这种作风之所以存在，根本原因，还是在于"庙"多"菩萨"多，在于某些"菩萨"的权力过于集中，在于某些"菩萨"只有权力而缺少责任。解决这些问题，已经时不可待。如果彻底解决了这些问题，前面所说的那位县长在工作中，就再不会为"拜菩萨"而发愁了。

（本文原由湖南人民广播电台《新闻和报纸摘要》节目"今日论坛"专栏 1987 年 6 月 6 日播出。）

请"啰嗦夫斯基同志"更名

在报上曾读到一段资料：广东从前有个军阀叫李福林，一天到中山大学去"训话"，用现在的说法叫"作报告"，全文只有 41 个字。他说："我系李福林，李福林就系我。我一个大字都不识，当了军长。你们这些 kaidai（广东骂人话），读了大学，要做皇帝不是？完毕。"乍读到此，难免令人哑然失笑。然而，仔细一想，李福林不念稿子的"报告"，却很有特色：开门见山，不转弯抹角，不要"官腔"，语言简洁。

当然，我们共产党的干部，不能像李福林那样去作报告。但是，讲话做到言之有物，不说废话，却是完全应该的。遗憾的是，我们许多领导同志，还没有做到这一点。有的单位开一次会，本来 20 分钟已经解决问题，可是，几把手却要轮流再"强调一下"，结果把会议时间拉得很长。这种现象，屡见不鲜。

全国总工会原主席赖若愚，最讨厌那种不求实效、专说空话的作风。他曾为那些喜欢长篇空谈而又不解决实际问题的同志，取了个名字，叫做"啰嗦夫斯基同志"。真是既形象，又辛辣！啰嗦难免空谈，空谈必然误事。特别是在向四个现代化进军的今天，办什么事都要讲求效果、效率。讲话、作报告也必须注重效果。因此，我们敬请那些"啰嗦夫斯基同志"，尽快地替自己更名。

（本文原载于 1980 年 6 月 13 日《株洲日报》。）

徐大军机的"影子"

读了清末"谴责小说"《官场现形记》，觉得其中有位叫"徐大军机"的人物形象十分典型。其典型之处在于，他生平最讲究两个处世待事的"诀窍"：一是"不动心"。无论朝廷有什么急难的事要他办，他总是无动于衷，跟着大伙敷衍塞责，回到家里依旧吃他的酒，抱他的孩子。二是"不操心"。无论朝廷有什么难办的事，他往别人身上一推，然后说声："让我老头子休息休息吧！"平时，他遇事故意装聋作哑，上头说东他也东，上头说西他也西，无非开口"是是是"，闭口"者者者"。后来，徐大军机的"诀窍"被人看穿，于是大家给他送了个"雅号"："琉璃蛋"。真是惟妙惟肖。

当然，徐大军机是旧官场中的一个官僚形象，不便从我们今天的社会中去找他的"替身"。但是，在我们这块从封建社会中脱胎出来的土地上，却时常可以见到徐大军机的"影子"在闪动。在我们的干部队伍里，那种遇事"不动心"、"不操心"的人并非绝无仅有。请瞧：几千元、几万元的设备放在露天腐坏，可以"不动心"。成吨、成批的药材、果品堆在仓库里烂掉，可以"不动心"。产品质量上不去，销路打不开，可以"不操心"。职工们行路难、住房难、吃饭洗澡难，可以"不操心"。这个工厂如何发展，那个单位如何改变面貌，可以"不操心"。如此等等。有的面临实在避不开的事，就来个"模棱人惯说模棱话"，批下一段"请某某书记审阅"或"请某某厂长办理"，可谓"琉璃蛋"也。

最近，中央提出从改革干部制度入手，来铲除官僚主义的弊端。这就挖着了徐大军机的"影子"得以存在的病根。经验已经告诉人们，仅仅靠号召"改变作风"，不可能消除掉徐大军机的"影子"。改革了干部制度，你遇事还是"不动心"、"不操心"，那么，人民就要质询你、追究你，就不投你的票。这样一来，徐大军机传下来的处世"诀窍"就不灵验了，徐大军机的"影子"也就会隐踪匿迹，四化大业才有希望。

（本文原载于 1980 年 12 月 16 日《株洲日报》。）

"明星"在哪里？

"明星"在哪里？说到这个问题，许多人一定会想到："明星"在舞台上，在银幕上，在电视屏幕上。其实，天有九重，地有八方。在我们这个世界上，并不仅仅有"歌唱明星"、"电影明星"、"电视明星"，各行各业都有自己的"明星"。长沙市公共汽车公司从 9 月 1 日起，开展评选"服务明星"的活动，亮出本行业的"明星"，就是很有意义的事情。

所谓"明星"，无非是知名度高一些。"三十六行，行行出状元"。既然都是"状元"，为何有的成了"明星"，有的却成了"暗星"呢？因为他们的知名度有高有低。确实，在我们社会的各个行业，都有一批有知识、有能力、有贡献的人。他们对社会的贡献很大，在社会上的名气却很小。因此，我们应当通过各种方式，提高这些人的知名度，让他们成为各行各业的权威人士。我想，这样做，可以激励每个人都来充分显示自己的才能。这对于我们社会的发展是有利的。

为什么有些有贡献的人知名度不高呢？这其中有许多原因，但最重要的，恐怕与宣传不够有关，与没有树碑立传有关。有的 20 来岁的年轻人，唱了几首歌，拍了几部电视剧，一些人就大写"颂词"。而有些劳累一生、成绩卓著的老科学家、老教师，却默默无闻，这是很不公平的。当然，歌唱得好，戏演得好，可以成为"明星"。然而，人家服务工作做得好，教书教得好，看病看得好，建大厦建得好，科研有成果，不是更应当树碑立传，成为"明星"么？

改革时代出"明星"。愿各行各业的"明星",都闪耀出光辉!

（本文原载于 1986 年 11 月 15 日《长沙晚报》。）

从"丑小鸭"到"白天鹅"

"丑小鸭",是著名丹麦童话作家安徒生作品中的一个形象,其故事是耐人寻味的:"丑小鸭"从蛋壳里爬出来不久,因为长着"一副丑相",成了大伙的"嘲笑对象","到处挨打,被排挤,被讥笑"。后来,它离开鸭群,立志"到水上去游泳","走到广大的世界里去",并经过严冬的考验,终于变成了"一只最美"的白天鹅。

在人类社会生活中,特别是在科学的道路上,从"丑小鸭"成为"白天鹅"的例子不胜枚举。

英国伟大的物理学家牛顿,小时候并不聪明,读了几年书长进不大。后来,他发愤努力,却发现了物体运动三定律和万有引力,奠定了经典力学的基础。

美国的大发明家爱迪生,是个农民的儿子,在少年时代颇有些傻气。他听母亲说小鸡是从蛋里孵出来的,就傻乎乎地自己也去孵蛋。他从小淘气,功课不好,考试成绩总是全班倒数第一。老师对他的母亲说,他"实在是个低能儿","不会有什么出息"。可是,爱迪生以后由于刻苦钻研,发明了电灯、电车、电报、电影、电池、留声机等近两千个项目,成为世界的"发明大王"。

这些著名人物,从"丑小鸭"到"白天鹅"的经历,对我们是很有启迪的。它告诉我们:一个人的智慧和才能,能否增长和发挥,关键在于有没有坚定的志向、顽强的毅力和发愤的精神。在科学道路上迈进的时候,别人的嘲笑、自己的笨拙、探索中的困难,都不可怕。可怕的是消沉颓唐、

灰心自卑。只要鼓起进取的勇气，不断提高和发挥自己的潜在能力，就是
"丑小鸭"，也是有可能变成"白天鹅"的。

（本文原载于 1980 年 11 月 12 日《株洲日报》。）

有感于贝多芬"活一千辈子"

"生活是这样美好，活它一千辈子吧！"这是伟大的德国古典作曲家贝
多芬，在给朋友的信中写的一句话。为什么贝多芬对生活如此赞颂、热爱，
而且要"活一千辈子"？回答这个问题，还得从贝多芬的身世谈起。

贝多芬的生活道路是坎坷不平的。他于 1770 年 12 月 16 日，出生在莱
茵河畔波恩城一个贫困的弗拉曼族人家里。母亲是一个厨子，父亲是当地
侯爵乐团的一名合唱团员，嗜酒成癖。童年的贝多芬，经常在半夜被酒气
醺醺的父亲从床上拖起，边打边骂，逼着通夜练习钢琴。贝多芬 17 岁时，
母亲去世了，沉重的家庭负担压在他的肩上。对贝多芬打击更大的是，他
27 岁时得了耳聋病，几年后听觉完全丧失。在父亲的虐待、贫困的折磨、
耳聋的打击面前，贝多芬没有消沉、气馁、悲观。他以更坚强的意志、更
饱满的热情，投入生活的激流，挖掘音乐的清泉，一生中创作了大量的为
世界人民所喜爱的乐章，特别是在交响音乐史上建树了一个里程碑。

从贝多芬的身世可以看出，他的生活经历是十分艰难的。然而，他又
为什么认为这样的生活是"美好"的呢？重要的原因，就在于他对生活的
意义的理解与一般人不同。在某些人看来，生活的意义就是吃喝玩乐。没
有这些，生活就没有光彩。贝多芬恰恰相反，他认为生活的伟大意义，就
在于为世人谱写乐章。那种一切只是为了个人的生活，是黯淡无光的。他
把理想、智慧、热情交融在一起，为正义、和平、自由讴歌。艰辛的劳动
创造出来的成果，终于得到了人民的赞赏。也就是在这时，他获得了真正

的幸福，看到了美好的生活。由此可见，美好的生活，必须靠艰辛的劳动去创造；用艰辛的劳动为人民作出贡献，也就是美好的生活。

我们的时代与贝多芬的时代已经大不相同。亿万人民所从事的伟大的四化建设事业，更是一篇雄壮的乐章。投入这样沸腾的生活，为四化事业的雄壮乐章谱写好每个音符，是我们每个青年人的一种幸福。但是，也有少数青年，认为实现四化不知何日，不如讲点"实惠"，在生活上追求什么"西方化"。还有少数青年，认为自己的年华被"文革"耽误了，没学到多少知识，为四化建设事业作不出什么贡献，因而对前途不免失望。这些观点，都没有正确理解生活的意义，是有碍于青年人的进步的，只能使青年人无所作为。实际上，只要以积极的态度，投身四化建设的洪流，以艰辛的劳动去创造未来，就可以大有作为，就能真正领略生活的美好风光。这也就是我们今天生活的意义所在。正是在这个意义上，我们完全应该说："生活是这样美好，奋斗一千辈子吧！"

（本文原载于 1980 年 7 月 25 日《株洲日报》。）

辞旧迎新风俗谈

新年前夕，翻阅有关一些国家和民族新年习俗的资料，觉得颇为有趣。许多国家和民族欢庆新年的习俗，在形式上虽然各有所异，但是在内容上却有着一个共同的特点，这就是：欢喜吉祥，避忌邪恶。

在东柏林的新年前夜，不论是青年人，还是老年人，都兴致勃勃地聚在一起放焰火、放花炮，一直欢闹到第二天破晓。人们认为，焰火能把给人们带来不幸的恶魔赶出家门。在意大利和喀麦隆，人们习惯于在新年前夕和清早，打开门窗扔出破旧的东西和垃圾，以表示驱逐邪气，迎接吉祥。加拿大的许多居民，则把白雪视为吉祥的象征。每当新年期间，把白雪堆在房屋四周，筑成座座小雪山，以防邪恶侵入。

我们中华民族有着悠久的历史。千百年来，也形成了自己欢庆新年的习俗。比如，以往民间时兴的贴门神，就是一种。贴门神最初的用意，就是避邪纳福。据传说，当年唐太宗晚上睡觉时，常常梦见邪魔。秦叔宝、尉迟恭两位将军自愿镇守宫门，唐太宗睡觉时就再也没有梦见邪魔了。后来，太宗见两位将军守门辛苦，就令画家将两位将军的肖像画于宫门之上，以阻邪魔入内。这种做法传到民间，也就逐渐形成了新年贴门神的习俗。

当然，我们作为唯物论者，不相信自然界真的有什么妖魔鬼怪。无论是焰火也好，白雪也好，还是门神也好，并不会"显灵"，不可能真正起到驱除邪恶的作用。今天，恐怕也很少有人再去贴门神了。然而，这种种习俗，却表达了人们一种美好的愿望，体现了人们对幸福的追求和向往、对邪恶的憎恨和抵制。

由此，我想到了在我们的社会中扶正祛邪这个问题。当然，我们的国家早已建立社会主义制度，到处充满阳光，这是主要的。然而，阳光之下还有阴影，某些角落还存在着邪恶。旧社会遗留下来的各种腐朽思想的影响，经常腐蚀我们某些同志的灵魂，败坏我们的社会风气。要祛除和抵制这些邪恶的东西，有没有"法宝"呢？有的。精神文明的建设，宪法与法律，这些都是不可缺少的"法宝"。有了这些法宝，我们就可以纯正党风、民风，伸张正气，祛除邪恶。其作用，是"焰火"、"白雪"、"门神"不能与之相提并论的。在这辞旧迎新之际，只要我们更自觉地掌握这些法宝，就能更好地扶正祛邪，迎来更加明媚的春天！

（本文原载于 1982 年 12 月 31 日湖北《长江日报》。）

话说 "礼节"

人生活在世上，每天要与他人见面。在这种共同的社会生活中，各民族形成了见面时的各种礼节。我们中华民族古时的见面礼节是鞠躬、拱手，现在则是握手、问好。在欧洲一些国家，人们的见面礼仪除了握手之外，还有亲额、吻手等。在亚非地区某些国家和民族中，例如印度东南部一些民族，见面风俗是将嘴和鼻子紧紧地贴在客人或亲人的面额，一面强烈地吸气，一面不停地说："嗅一嗅我！"日本北海道的阿伊努族的男人们，一遇到朋友，先摩手掌，再把手举到额上，然后摸胡子，表示问候。新西兰岛上的居民，见面时则以互相碰擦鼻子表示友好。在西非的一些民族中，人们见面时表示恭敬的礼节，则是用手掌击打胸部。

这些见面礼节，虽然在形式上各具一格，但在内容上都有着共同的特点，即对他人表示亲热、友好和尊重。从而，密切人们之间的感情，酿成社会的良好风气。

然而，就在我们这个绝大多数人待人彬彬有礼的国度，却也有极少数青少年，有着另一套有伤世风的"见面礼节"。那就是，动不动随口粗话，甚至"拳头兑现"、"刀子说话"。一名中层干部的儿子，年方十六，为了争看一本图书，拔刀相逼，逞性妄为，竟然将另一年轻人刺伤。父母闻之，惊怒不已。有一次，一位老太太和许多顾客一起，正秩序井然地排队买菜。突然来了一个长头发青年，双臂一横，挤进队伍。老太太不高兴了，那个长头发青年一瞪圆眼、一竖粗眉，以强凌弱："你管得着！"旁边有人抱不平，长头发青年竟一捋衣袖，摆弄出架势。真是"'礼'穷拳头见"！当然，持这种霸道、野蛮"礼节"的人，在我们这个社会为数极少。但他们败坏了民族风尚，扰乱了正常秩序，损害了社会公德。因而，人们听之无不摇头锁眉，视之无不嗤鼻恶心！

礼貌问题，实质上是一个人乃至一个民族的文明、道德和情操问题。我们中华民族，历来是讲文明、讲道德、讲情操的。前些年，以"冲、闯、砸"为内容的所谓"造反派的脾气"，竟然与革命者的道德画上了等号。当时，一些年轻人所耳濡目染的，尽是"勒令"、"横扫"之类的东西。因此，在进行四化建设的今天，要对青少年进行礼节的启蒙教育。要知道，那种不学无术而又不懂礼貌的"畸形儿"，只能是四化建设的累赘！

（本文原载于 1979 年 10 月 12 日《株洲日报》。）

好奇与猎奇

大千世界，无奇不有。怀好奇心者，在我们这个世界上也不乏其人。从某种意义上说，好奇并不是坏事。好奇是步入科学宫殿的一块重要的基石。问题在于，你所传播的"奇闻"，是否偏离了事实，是否把"好奇"变成了不顾事实、不顾科学的猎奇。当然，人们的科学文化水平正在不断提高。今天，如果谁还用"天公发怒"来解释雷电，用"天狗吃月"来说明月食，那一定会受到世人的哄笑。

然而，我们不能不看到，有些人，甚至某些"文化人"，仍然离开事实和科学，在那里不负责任地宣传所谓奇闻。比如，"苏联宇航员曾见到过太空人"，"长沙上空落下一块陨冰"，就被一些新闻单位煞有介事地、争先恐后地宣传过，到头来留下了新的"天方夜谭"。更有趣的是，我省某家杂志，还活灵活现地载出了《"狐狸精"奇案》。当年，蒲松龄在"聊斋"中"志异"，用文学手法，塑造了不少"狐狸精"的形象。今天，我们的同志竟在现代办公桌上"志异"，用新闻笔调，描绘"狐狸精"的"真貌"，差一点把蒲松龄的文学想象变成了"新闻现实"。如果蒲松龄还世，定会惊叹不已！其实，《"狐狸精"奇案》如果是文学作品，倒也罢了，我们的后人读文学史时也好添上一笔。而有关人员却偏偏想把"狐狸精"与科学挂上钩，这岂不叫我们的后人研读科学史时感到为难么？

奇闻不姓"奇"。任何奇闻只要是客观存在的事实，其中一定包含有内在的科学道理。奇异只是现象，科学道理才是本质。而且其本质终究会被人们所认识。作为个人也好，一个单位也好，听到某些奇闻，一定要作些分析，多听听专家和科学部门的意见。决不能随便相信道听途说，更不能在传播中捕风捉影、添油加醋。这才是对待奇闻的正确态度。

（本文原载于 1985 年 8 月 25 日湖南《科学晚报》。）

召唤"王小毛"

王小毛何许人也？其实，敝人也未曾见过。只是从湖南电台台长那里听说，王小毛是上海电台《一日一笑》节目主持人的艺名。据说，因为他"一日"给上海听众带来"一笑"，所以王小毛在上海已是老幼皆知。

王小毛给上海听众带来了欢乐。我们湖南电台是不是也应该有自己的"王小毛"呢？人有七情六欲。岂止侬上海人懂得幽默？我们湖南人也素来知乐。一声"刘海哥"，一曲"胡大姐"，老爹娭毑，满哥幺妹，哪个不为之捧腹？然而，如果老是"走啊嗬、行啊嗬"，有些听众就觉得不那么尽兴了。于是，需要召唤"王小毛"。

也可能有人会说：哎呀，广播电台是党和人民的"喉舌"，怎么能说笑话、讲幽默故事呢？其实，"喉舌"既能发出庄严的声音，也应当发出轻松而愉快的笑声。因为这两者，都是广大听众所需要的。所以，我们应当多侧面、多层次地看待"喉舌"的作用。再者，社会生活舞台本身，既有严肃的"主旋律"，也有愉快的"插曲"，还有诙谐的"过场"。这些，都应当在电台得到反映。所以各个电台，完全可以有自己的"王小毛"、"张小毛"或"李小毛"。

只要湖南电台的王小毛呱呱坠地，我想，一定会得到听众抚爱的。

（本文原载于 1988 年 1 月 21 日《湖南广播电视报》。）

学学张艺谋"背石头"

我经常看电视国际新闻。之所以如此，不仅仅因为许多国际新闻是真正的新闻，更主要的，是透过那仿佛使人身临其境的新闻画面，可以了解国外新闻记者那娴熟的技巧、机敏的思维和"抓"新闻的胆识。确实，屏幕上各国首脑那不寻常的露面、海湾风浪中的一个个漩涡、竞技场上扣人心弦的动作，并不是人家记者随便碰到的。

记者就是记者。记者的天职，就是"抓"新闻。然而，抓什么样的新闻，怎样抓新闻，那就要看每个人的功底了。同是拍摄漂流虎跳峡，黑压压一群记者。而解放军报的江志顺却离开记者群，选取最佳角度，抓住了那动人的历史瞬间。江志顺不愧为记者，他有记者的功底。而我们有些记者却不那么讲究功底，扛起摄像机"扫描"一下，回去接几个资料镜头，新闻就"剪辑"出来了。或者呢，翻翻报告，抄抄简报，新闻就"摘写"出来了。还有更轻松的：车轮一转，座谈座谈，放下酒杯，带点土产，新闻就"品尝"出来了。我真担心，有朝一日，记者和行政秘书、会务人员、检查团成员以至采购员，会没有多大区别。

于是，我想起了张艺谋。且不说他的《红高粱》如何，单说他在《老井》中扮演的旺泉，确实像那回事儿。好个活脱脱的旺泉，那是张艺谋用命"玩电影""玩"出来的。在太行山区深入生活的两个多月里，他为了"蹲"得像，硬是天天不坐板凳，总是蹲着。他为了背石头"背"得像，坚持背了两个月的石头。他为了寻找塌方后旺泉垂死的感觉，硬是三天半没吃饭。他这样说："觉着自己有点笨，感应不是很快，才思也不敏捷。只是悟性还不错，愿意拿事儿去想去琢磨。"其实，他的"悟性"，一方面是动脑筋的结果，一方面也是在实际生活中勤打功底的结果。他在拍摄《老井》之前，如果不背石头，不用泥沙磨自己的胳膊，而是到处"开开会"，看看

"简报、资料"，他能演活旺泉这个形象吗？而我们的有些记者，实在不那么笨，才思也不那么迟钝，却又没见写出什么好新闻，是不是"悟性"差了点呢？如果问一句，我们的记者究竟有多少人在想新闻、琢磨新闻，有多少精力在想新闻、琢磨新闻？恐怕答案是令人不满意的。

记者是现实生活舞台上的"演员"。记者在采访、报道社会的同时，也把自己的形象留给了社会。如果不讲求功底，采访作风轻浮，写出的新闻浅薄，人们就会提出疑问："记者就是这样的形象？"演员的形象，是靠演员的表演技艺和创作的艺术作品来体现的。记者的形象，是靠记者的采访作风和采写的新闻作品来体现的。二者的相通之处，就在于都需要一定的功底。这种功底，不外乎是思想修养和专业修养。有的记者的形象有些"变形"，根本原因，还是这两种修养未到火候。

人们通过《老井》中的旺泉，认识了张艺谋。我们应当让听众和观众通过什么来认识广播电视记者呢？我觉得，还是要从"背石头"做起。

（本文原载于湖南《视听业务》1988年第3期。）

毁稿的勇气

干了"爬格子"这行当，一般来说，都想多"爬"几行，"爬"出来后尽可能发表出去。种田望打粮，栽树望成荫。有所作便想有所为，恐怕这其中的道理是相通的。

然而，却也有"爬格子"之后不愿发表，并且毁掉文稿的。近日，我就从几本旧书中读到三则毁稿的故事。一则说的是苏联诗人马雅可夫斯基。他应某报之约，用诗的形式写了一篇社论。编辑满意了，而他自己反复斟酌，怎么也不如愿，竟一撕了之。另一则说的是俄国作家果戈理。他写了一个剧本念给朋友听，朋友竟昏昏入睡。果戈理见剧本产生如此效应，便将剧本投入火炉一焚了之。还有一则说的是北宋大手笔王安石。他写了一篇论兵的文稿，哪知他的一位朋友能过目成诵，来访时便暗自再现。朋友和王安石开玩笑说，近来写了一篇《兵论》。说出开篇，和王安石的文稿一样。王安石信以为真，误认为自己的文章已是"明日黄花"，便一撕了之。

三则故事，皆是自我毁稿。或是自己不如意，或是他人无兴趣，或是"不嚼别人嚼过的馍"（尽管王安石不明真相）。其根本原因却还是一个：三位文宗都不愿把无动人之处、无新鲜见解的作品发表出去。当然，舞文弄墨，写诗作文，难得每篇都是精品。动人心弦、催人泪下、令人拍案的力作，毕竟只是少数。然而，文章是写给人看的。既然要舞文弄墨，就要给人一丝新意、一种启迪、一点见识。所以，那种"语不惊人死不休"的精神，那种敢于自我毁稿的勇气，我看还是应当努力提倡的。

我在这里生出一些近乎多余的联想，并不是主张我们从事广播电视宣传的编辑、记者，动不动就去毁稿。一段现场录音或一节现场录像，毁掉了就无从可寻，是轻易毁不得的。我在这里想说的是，我们的新闻报道，我们的节目编排，能不能精益求精些？不知从何时起，在一些人的心目中，似乎广播电视编辑、记者最好当。几段报告稿一摘，便称为"本台消息"。扛起"机关枪"一"扫"，便成了"电视新闻"。其实，广播节目的一段间奏乐，电视节目的一个画面，都值得潜心研究，更何况节目要有新意。我们的节目要经常提高。提高是对差距的填补。只有找出上一次的不足，才能在下一次中接近圆满。正是在这个意义上讲，那种毁稿的勇气是难能可贵的。当然，要防止广播电视节目中的"低劣产品"，"把关"者甚为重要，应当严厉履行职责。但是，作为编辑、记者，多一点毁稿的勇气，多一点自我否定的压力，不仅有利于提高个人的业务素质，更重要的是有利于提高整个广播电视节目的质量。

今年是"质量、品种、效益年"。我想，其意义并不仅仅在工业战线。对于"爬格子"的人来说，对于广播电视工作者来说，都是值得思索、行动一番的。

（本文原载于湖南《视听业务》1991 年第 2 期。）

后 记

人生即一场旅行。或履平地，或越高山，风景各异。所见所闻的风景，有时会幻化为所感所悟的文字。这些文字，以逻辑思维的方式码出来，就成了议论文。

汇编散落的议论文，是自己多年前的愿望。今日得以实现，像重逢久别的友人。议论文的生命力，在于时间证明。但是，这本文集，确是我这几十年来，走过一段心路历程，感之叹之、思之悟之的结果。汇编成集，既是遇见朋友，更是遇见自己。

所以，小女取书名为《吟啸徐行》，我觉得也好。无论身遇何种风景，漫步中感叹吟唱，目有所视，心有所得，遂坦然也。

其实，苏东坡那句"何妨吟啸且徐行"的后面，还有很敞亮的一句："山头斜照却相迎"。雨后初晴，心情豁然，于是有了那首《定风波》。

我写这些议论文，得益于这些年赶上了一个好时代。

首先，致谢社会生活的改革开放。有了改革开放，才有人们思想的活跃解放。尤其是改革开放之初，那种"已而遂晴"带给人们心情的奔放，是现时的年轻人难以体尝的。有了这些年的阅历，才有我的一些评论、随笔。

还有，致谢湖南广电的改革发展。我在湖南广电的工作职位上32年，目睹了节目繁荣、产业壮大、人才聚集。我在采编节目、承命公文的同时，能有一些业务论文的耕耘收获，皆因这种"山头斜照却相迎"好风景给了我灵感和养分。

这本议论文集得以出版，还要致谢湖南师范大学出版社总编辑黄林、编辑部主任李阳和装帧设计师莫彦的倾心支持。

　　湖南广电的所在地，又称马栏山，旁绕浏阳河。"不登高山，不知天之高也；不临深溪，不知地之厚也。"比山高的，是人的视野。比地厚的，是人的思想。互联网时代，联起了崇山峻岭，联起了溪河湖海。而真正的"人心互联网"，是科学的思想、正确的价值观。

　　我寻思，此亦议论文写作的出发点和归宿。

　　于此，登山临溪，仍当竭力。

王小夫

2018 年 6 月 9 日于长沙马栏山